Modelo de Gestión Funcional (MGF)

Cómo estructurar tu empresa y dejar de improvisar para siempre

Victor León

EDIQUID

MODELO DE GESTIÓN FUNCIONAL (MGF)
Cómo estructurar tu empresa y dejar de improvisar para siempre

Editado por: Corporación Ígneo, S.A.C.
para su sello editorial Ediquid
José Olaya 169, Ofic. 504, Miraflores. Lima, Perú
Primera edición, abril, 2026

ISBN: 978-956-424-129-6

Se terminó de imprimir en abril de 2026 en:
ENOTRIA S.A.
Av. Nicolás Ayllón 2890. Ate, Lima - Perú

www.grupoigneo.com
Correo electrónico: contacto@grupoigneo.com | Teléfono: +51 955 071 270
Facebook: Grupo Ígneo | X: @editorialigneo | Instagram: @grupoigneo

Colección: Integrales

Contenido

No es el tamaño de tu empresa lo que determina su éxito, sino la claridad con la que funciona cada una de sus partes.

Victor León

Dedicado con todo mi amor y gratitud:

A mis padres, Silvia y Víctor,
y a mis abuelos, Nena y Toño,
por enseñarme con su ejemplo
el valor del trabajo digno y de los principios sólidos.

A mi amor, Fernanda,
por impulsarme y acompañarme,
incluso en los días de duda.

A mi colega, Ernesto,
por transmitirme la visión de las estructuras
que hoy forman parte esencial de este modelo
y por apoyar mi crecimiento académico.

A mi socio, Paolo,
por su apoyo constante en evolupyme.

A mi tío, Ramón,
por confiar en mí y respaldar
la realización de este proyecto.

A mi amigo, Álvaro,
por animarme a dar el paso y publicar esta obra.

Y a toda mi familia y amistades,
por confiar en mí y brindarme su apoyo
en los momentos más importantes
de este camino.

Acerca del autor

Victor León es Consultor Estratégico Empresarial, especializado en estructuración organizacional, auditoría interna y transformación digital. Es fundador de evolupyme, firma con sede en Guadalajara, Jalisco, México, desde donde acompaña a empresas de los sectores comercial, industrial y de servicios a dejar la improvisación operativa y construir estructuras funcionales, sostenibles y humanas.

Su trabajo se centra en problemas reales: dependencia del dueño, falta de roles claros, procesos inexistentes, control interno débil y decisiones sin datos. Ha liderado proyectos de reorganización empresarial, diseño de modelos operativos, construcción de políticas y manuales clave, implementación de controles internos y creación de tableros ejecutivos de KPI, logrando mejoras tangibles en eficiencia, cumplimiento y rentabilidad.

Es Licenciado en Administración (Universidad de Guadalajara) y Maestro en Alta Dirección (Centro Universitario UTEG). Su formación se complementa con certificaciones y diplomados orientados a gestión, auditoría, mejora continua y datos, entre ellos:

- Diplomado en Ciencia de Datos (BEDU).
- Diplomado en Educación Financiera (CONDUSEF).
- Diplomado en Transformación Digital y Marketing para PyMEs (PLAi).
- Certificaciones CONOCER: EC0249 (Consultoría General), EC0301 (Diseño de Cursos) y EC0217.01 (Impartición de Cursos).

- Auditor Interno ISO 9001:2015 e ISO 19011:2018 (Desarrollo Profesional SyS).
- Lean Six Sigma Green Belt y metodologías ágiles (Desarrollo Profesional SyS).

El Modelo de Gestión Funcional (MGF) que presenta en este libro es la síntesis de su experiencia directa con líderes, equipos y operación real: una metodología práctica que convierte el caos en claridad, sin burocracia innecesaria y con un enfoque humano que pone al centro a las personas y la sostenibilidad del negocio.

Su propósito con esta obra es brindar a empresarios, líderes y emprendedores —en México y cualquier país donde una pyme quiera profesionalizarse— un método probado para construir empresas que funcionen con orden, control y visión de largo plazo.

Contacto del autor

LinkedIn: vicleon | Instagram: @victorleon__ | TikTok: @victorleon__

Acerca de evolupyme

Evolupyme es una firma integral de soluciones empresariales creada para impulsar a las pymes mexicanas a crecer con estructura, enfoque y estrategia. Con sede en Guadalajara, Jalisco, y cobertura nacional, acompaña a las empresas en su evolución desde una visión práctica, ordenada y orientada a resultados.

Lo que hace evolupyme es integrar. Integra consultoría estratégica, incubación empresarial, desarrollo organizacional, talento, procesos, datos, finanzas, marketing y legal corporativo en un solo ecosistema de soluciones, evitando que las empresas trabajen por áreas aisladas o esfuerzos desconectados.

Cómo lo hace es a través de metodologías propias, una red de consultores especializados y modelos de trabajo que priorizan la implementación real. Su enfoque no se basa en diagnósticos teóricos ni documentos decorativos, sino en sistemas de gestión que funcionan, se usan y se sostienen en el tiempo.

El porqué de evolupyme es claro: ayudar a las pymes a dejar de improvisar y comenzar a operar con orden, claridad y control, sin perder su identidad ni su capacidad de adaptación. Su trabajo busca que las empresas puedan crecer, delegar, tomar decisiones y enfrentar auditorías o cambios con confianza.

Evolupyme no actúa como un proveedor tradicional, sino como un aliado estratégico que acompaña a las organizaciones en procesos de profesionalización reales, alineando estructura, personas y estrategia para construir negocios sostenibles.

Contacto de evolupyme

Sitio web: www.evolupyme.com

Correo electrónico: contacto@evolupyme.com | Teléfono: +52 33 4416 9237

LinkedIn: evolupyme | Facebook: evolupyme | Instagram: @evolupyme | X: @evolupyme | TikTok: @evolupyme | Threads: @evolupyme

Introducción

En más de una ocasión he escuchado a dueños de empresas decir: «así hemos trabajado siempre», como si la historia justificara la falta de estructura. La realidad es que muchas pymes no operan... sobreviven. Y lo hacen cada día como si improvisaran una obra de teatro: sin guion, sin roles claros y sin saber si la función terminará bien.

El resultado es un caos silencioso: áreas que no saben a quién reportar, directores atrapados en lo operativo, formatos que existen, pero nadie usa, colaboradores que hacen malabares por falta de procesos y otros que se esconden en la confusión para no rendir cuentas. Ese desorden disfrazado de «flexibilidad» y esa falta de control disfrazada de «confianza» les cuestan a las empresas tiempo, dinero, talento... y, sobre todo, la posibilidad de crecer con propósito.

Fue desde esa realidad que nació el Modelo de Gestión Funcional (MGF). No como un concepto académico más, sino como una respuesta práctica a lo que está fallando en muchas empresas mexicanas. Un modelo diseñado para ordenar sin burocratizar, profesionalizar sin complicar y construir desde lo que ya se tiene.

El MGF no exige cambiar todo de la noche a la mañana. Propone dar un paso atrás, observar la empresa con otros ojos y decidir conscientemente cómo estructurarla, qué procesos frenan y qué funciones están mal definidas o simplemente no existen.

El caos organizacional no es un detalle menor: es la diferencia entre una empresa que crece con rumbo y otra que se queda estancada o cierra sus puertas demasiado pronto. En México, los datos del INEGI muestran que la mayoría de las pymes no sobrevive más allá de sus primeros tres años y solo un 35 % logra continuar después de cinco. La improvisación y la falta de estructura son, en gran medida, responsables de esa mortalidad empresarial.

Por eso, ordenar no significa encasillar. Profesionalizar no significa volverse frío o distante. Al contrario: las empresas que mejor funcionan son aquellas donde las personas saben a qué van, qué se espera de ellas, con quién trabajan y cómo pueden crecer.

Este libro es, ante todo, una herramienta para el dueño que quiere dormir tranquilo, para la líder de área que ya no quiere cargar sola con todo, para el equipo que sabe que puede dar más, pero necesita orden. También es un llamado a las nuevas generaciones de administradores y directivos, para que no repitan modelos caducos, sino que abracen una gestión humana, clara y sostenible.

Si llegaste hasta aquí es porque sabes que algo en tu empresa puede mejorar. Tal vez no sepas por dónde empezar, tal vez ya lo intentaste y te abrumaste. Este libro te acompaña paso a paso, con un método progresivo, flexible y probado.

Porque una empresa funcional no solo factura más: inspira más, retiene mejor, protege a los suyos y proyecta confianza. Transformar tu empresa con orden no es solo por ti, es por tu equipo, tus clientes, tu familia y tu comunidad.

Bienvenido al MGF: una forma más inteligente, humana y estructurada de dejar atrás la improvisación y comenzar a crecer con propósito.

1. ¿Tu empresa ya funciona o solo sobrevive?

Hay una pregunta que todo dueño de empresa, líder o emprendedor debería hacerse con absoluta honestidad: ¿mi empresa realmente funciona o solo se mantiene viva a costa de esfuerzos constantes, cansancio acumulado y decisiones apresuradas?

Muchos negocios operan cada día sin una base sólida. Cumplen pedidos, atienden clientes, pagan nóminas y sacan adelante los proyectos. Desde fuera, parecen «funcionar». Pero por dentro se sienten como una máquina desgastada: ruidosa, inestable y dependiente del empuje constante de sus operadores. Todo se sostiene, sí... pero con alfileres.

En el fondo, quienes viven esa realidad lo saben. Hay una especie de tensión constante que nunca se va del todo. Un pendiente eterno. Una lista de tareas que nunca termina. Una sensación de que todo depende de estar presente, atento, disponible. Y cuando algo falla —porque siempre falla— el sistema no tiene cómo absorber el golpe y el caos se instala.

Este capítulo no busca señalar errores, sino ponerle nombre a una experiencia compartida por miles de empresarios y líderes: el desorden disfrazado de actividad, la improvisación normalizada, la ausencia de estructura convertida en «estilo».

Pero hay otra forma de operar. Una que no depende de la suerte ni de estar siempre al 100 %. Una donde el equipo sabe qué hacer, cómo hacerlo y con qué criterio. Una donde tú puedes tomar distancia para pensar, crecer o simplemente descansar, sabiendo que la empresa no se va a caer.

Esa forma existe. Y empieza reconociendo los síntomas silenciosos del desorden.

Los síntomas silenciosos del desorden

El desorden en una empresa no siempre se ve como tal. No llega con una alarma ni con un letrero que diga «aquí hay caos». Al contrario, muchas veces se instala de forma silenciosa, disfrazado de urgencia, de crecimiento desorganizado o de esa famosa frase: «así se ha hecho siempre».

Es un desorden disfrazado de funcionamiento. No se trata de escritorios desordenados, sino de la falta de claridad sobre cómo debe operar realmente el negocio. Es ese punto donde todo gira alrededor de las personas clave, no de procesos claros; donde las decisiones se toman al momento, pero sin criterio repetible; donde los resultados llegan, sí... pero al costo de estrés, desgaste y alta rotación.

El problema es que muchos de estos síntomas se han normalizado. Se asumen como parte de «lo que es tener una empresa». Pero no lo son. Son señales claras de que hay algo que necesita ordenarse desde dentro.

Veamos algunos de los síntomas más frecuentes que indican que una empresa no está funcionando... sino sobreviviendo:

- **Todo pasa por ti.** Aunque tengas equipo, todo se te consulta, todo se te informa, todo se te pide. Eres el cuello de botella sin darte cuenta.
- **No hay claridad de funciones.** Hay tareas que se repiten y otras que nadie hace. Lo urgente desplaza a lo importante. A veces se duplican esfuerzos, otras veces se olvidan.

- **La información vive en cabezas, no en procesos.** Si un colaborador se va, el conocimiento se va con él. No hay formatos, procedimientos ni sistemas que respalden el trabajo.
- **Hay que «apagar fuegos» todos los días.** No se trabaja con previsión, sino con reacción. Cada semana hay un nuevo problema operativo que consume tiempo, energía y dinero.
- **Tus líderes operan, pero no gestionan.** No están formando equipos ni mejorando procesos. Solo resuelven lo del día, con las manos llenas y la cabeza saturada.
- **Hay errores repetidos en procesos básicos.** Fallas en facturación, compras mal hechas, entregas incompletas, mal manejo de inventarios o mal servicio al cliente. Nada grave por sí solo, pero constante y acumulativo.
- **Tus colaboradores están desmotivados o confundidos.** Algunos hacen de más sin reconocimiento, otros hacen de menos sin consecuencias. No hay indicadores ni metas claras por puesto.
- **No hay reuniones estratégicas.** Solo hay juntas operativas, urgentes, improvisadas. No se evalúa el desempeño ni se toman decisiones con datos.

Estos síntomas no significan que tu empresa esté «mal». Significan que aún no tiene una base funcional sólida. Y si ya llegaste hasta aquí, lo más probable es que estés listo para cambiarlo.

El primer paso es ver el desorden como una oportunidad. Porque si todo ha funcionado así durante años, imagina lo que podrías lograr si tu empresa tuviera procesos claros, roles bien definidos, métricas de desempeño y una estructura que respalde —y no frene— su crecimiento.

El desorden no se elimina con más esfuerzo. Se transforma con estructura. Tal como lo plantean los modelos de gestión de calidad más reconocidos, la claridad en procesos y la disciplina de la mejora continua son la base para sostener resultados. Y ese es el camino que inicia con este libro.

¿Qué es una empresa funcional?

Cuando hablamos de una «empresa funcional», no estamos hablando de una organización perfecta, sin errores ni problemas. Tampoco de una empresa gigante, con cientos de empleados y tecnología de punta. Una empresa funcional es mucho más simple —y más poderosa— que eso: es una empresa que funciona bien porque está pensada para hacerlo.

Una empresa funcional es aquella que no necesita improvisar todos los días para salir adelante. Tiene un propósito claro, una estructura que lo respalda, personas que saben qué hacer, cómo hacerlo y con qué resultados se espera que lo hagan. Y, sobre todo, tiene procesos y normas mínimas que le permiten sostener su operación sin depender de la voluntad, memoria o presencia del dueño. En otras palabras, aplica de forma práctica lo que la administración ha definido por décadas: planear, organizar, dirigir y controlar con intención.

Dicho de otra manera, una empresa funcional es aquella que:

- **Opera con orden,** sin necesidad de que todo pase por una sola persona.
- **Toma decisiones basadas en datos,** no en corazonadas o suposiciones.

- **Tiene estructura,** no solo personas clave. Las tareas, procesos y roles están definidos y no giran en torno a individuos.
- **Puede delegar sin perder el control,** porque lo que se delega no es una tarea, es un proceso que ya tiene reglas, formatos e indicadores.
- **Crea cultura, no solo instrucciones** y esa cultura se vive en lo cotidiano: en cómo se atiende al cliente, cómo se responde un correo o cómo se evalúa un resultado.
- **Se adapta al cambio,** porque tiene claridad de rumbo y control sobre sus funciones clave.

Una empresa funcional tiene la capacidad de crecer, adaptarse, innovar... sin colapsar. Puede sumar nuevas personas al equipo sin perder su esencia. Puede atender más clientes sin comprometer la calidad. Puede enfrentar una rotación, un pico de trabajo o una contingencia sin entrar en crisis total.

Pero lo más importante es que una empresa funcional libera a su fundador. Le permite pasar de ser el «todólogo» a convertirse en estratega, guía y tomador de decisiones clave. Ya no se ahoga en lo operativo. Ya no está todo el día resolviendo lo mismo. Porque su empresa funciona... incluso cuando él no está.

Ese es el verdadero objetivo del MGF. Que tu empresa no solo exista. Que funcione. Que sea estable. Que sea escalable. Que te permita disfrutarla, no solo resistirla.

Y aunque hoy estés lejos de esa realidad, este modelo está diseñado para acercarte, paso a paso. Porque todo lo que una pyme necesita para ser funcional se puede construir si sabes por dónde empezar.

Y ese camino comienza, justamente, cuando sabes que lo necesitas.

Cómo saber si necesitas aplicar este modelo

Reconocer que tu empresa necesita ayuda no es un signo de debilidad. Es un acto de madurez empresarial. Hay quienes pasan años resistiendo el cambio solo por orgullo o miedo. Otros simplemente no sabían que había otra forma de operar.

Este modelo no es para empresas que están al borde del colapso. Es para aquellas que ya dieron sus primeros pasos, que han logrado consolidarse, pero que ahora están atrapadas en el desorden que trae crecer sin estructura. Si tu empresa ha sobrevivido a punta de esfuerzo, este modelo está diseñado para que ahora aprenda a prosperar con orden.

Entonces... ¿cómo saber si el MGF es para ti?

Te dejo algunas preguntas. Respóndelas con total honestidad:

- ¿Sientes que todo depende de ti? ¿Que si tú no estás, las cosas se detienen o se hacen mal?
- ¿Tu equipo trabaja mucho, pero no sabes con certeza qué logran cada semana?
- ¿No tienes claridad sobre quién hace qué, o cada uno «va resolviendo» según puede?
- ¿Tu empresa ha crecido, pero sigue operando como cuando eran tres personas?
- ¿Has intentado delegar, pero terminas retomando todo porque las cosas no se hacen como esperas?
- ¿Tus procesos no están documentados o solo existen «en la cabeza de alguien»?
- ¿No sabes si tus políticas están vigentes... o siquiera si existen?
- ¿No tienen indicadores claros de desempeño por área o por puesto?
- ¿Las reuniones son improvisadas, extensas y rara vez terminan con acuerdos reales?

- ¿Tienes personas comprometidas que ya están mostrando señales de agotamiento?

Si te sentiste identificado con tres o más puntos, estás en el lugar correcto.

No porque estés mal, sino porque ya es momento de evolucionar.

Implementar el MGF no requiere cambiar todo de golpe, ni despedir gente ni contratar software costoso. Requiere algo más profundo (y más poderoso): la decisión consciente de dejar de improvisar, de construir sobre lo construido, de darle forma al negocio que ya creaste con tanto esfuerzo.

Este modelo es una invitación a que tu empresa tenga orden sin rigidez, claridad sin complicaciones y estructura sin burocracia. A que cada área funcione con propósito, cada persona con dirección y cada proceso con sentido.

Porque no se trata solo de tener una empresa que facture. Se trata de tener una empresa que funcione. Para ti. Para tu equipo. Para tus clientes. Para el futuro que te mereces.

Y si estás listo para empezar, el próximo capítulo te mostrará la base completa del modelo. Un mapa para transformar tu operación paso a paso, con herramientas prácticas, lenguaje claro y ejemplos reales. Sin adornos innecesarios. Sin teorías abstractas.

Este es tu punto de partida. Vamos a convertir esa empresa que sobrevive... en una que realmente funciona.

2. Los 9 pilares para dejar de improvisar

El caos organizacional no desaparece con frases motivadoras ni con más esfuerzo. Se elimina con estructura. Pero no cualquier estructura: una que esté diseñada para adaptarse, profesionalizarse y crecer sin perder el alma de la empresa.

Después de trabajar con docenas de pymes y líderes que pasaban por lo mismo —falta de claridad, cuellos de botella, dependencia excesiva del dueño— entendimos que el problema no era la falta de talento, ni de ideas, ni de intención. El problema era la ausencia de un modelo simple, práctico y funcional que les mostrara por dónde empezar.

Así nació el MGF.

No es una moda pasajera ni un marco rebuscado. Es un sistema de nueve pilares clave que toda empresa debería tener en orden para operar con estabilidad y crecer con confianza. Pilares que no requieren una transformación radical ni inversiones costosas, pero sí requieren decisión, compromiso y acción.

Aplicar el MGF es como construir una casa: cada pilar cumple una función específica, se enlaza con los demás y refuerza la estructura completa. Puedes comenzar por el que más urge, pero eventualmente deberás construirlos todos para lograr el equilibrio.

¿Qué es el Modelo de Gestión Funcional (MGF)?

El MGF es una herramienta diseñada para ayudar a las empresas a dejar de depender de la improvisación y empezar a operar con orden, claridad y dirección estratégica.

Es un modelo creado desde la práctica para la práctica. Nació en el campo, acompañando a empresas reales, con problemas reales, que buscaban una solución tangible para estructurar su operación sin perder su esencia.

El MGF propone una forma simple pero profunda de entender la empresa como un sistema funcional: donde cada área, cada persona y cada proceso cumple una función clara, está documentado y se puede evaluar. No se trata de llenar la empresa de formatos innecesarios, sino de construir una estructura que permita que el negocio fluya sin caos.

¿Por qué un modelo?

Porque la mayoría de las pymes no tienen uno. Crecen con base en intuición, relaciones, esfuerzo y, en el mejor de los casos, experiencia. Pero pocos negocios nacen con una lógica de gestión detrás. Y cuando esa lógica no existe, el crecimiento se convierte en un desorden: las decisiones se duplican, los procesos se estiran hasta romperse y el dueño termina haciendo de todo, menos dirigir.

El MGF actúa como un marco de orden progresivo. No es rígido ni requiere certificaciones costosas para empezar. Está diseñado para aplicarse paso a paso, de forma práctica, realista y con los recursos que ya tienes.

Cada uno de sus pilares se alinea con marcos y normas reconocidas —como ISO 9001, ISO 30301 y la Ley Federal del Trabajo (LFT)—, y se inspira en los principios de administración moderna (Robbins y Coulter), así como en metodologías probadas de mejora continua como Lean Thinking y Lean Six Sigma. Todo ello traducido a un lenguaje funcional, útil y humano para las pymes.

¿Cuál es su estructura?

El MGF se compone de nueve pilares fundamentales, que se desarrollan y entrelazan como los cimientos de cualquier organización ordenada y sostenible:

1. **Filosofía organizacional:** le da a la empresa identidad, propósito y valores que la guían.
2. **Estructura funcional:** evita el caos al definir quién hace qué y cómo se relacionan las áreas.
3. **Mapa funcional por áreas:** ofrece claridad operativa antes de asignar responsabilidades individuales, con actividades, controles y resultados definidos por subestructura.
4. **Descriptivos de Puesto (DDP):** aclaran cómo cada persona contribuye, qué funciones tiene y qué resultados se esperan de ella.
5. **Procesos organizacionales:** reducen errores y dependencia al dejar de operar por costumbre o memoria.
6. **Políticas internas:** establecen reglas claras que evitan conflictos, malas prácticas y pérdidas de tiempo o dinero.
7. **Normatividad y protección legal:** protege a la empresa de riesgos legales y asegura un marco de actuación sólido.
8. **Manuales y documentación integrada:** permiten que la información pueda consultarse, actualizarse y transmitirse fácilmente.
9. **Gestión documental:** resguarda el conocimiento, garantiza trazabilidad, asegura el cumplimiento normativo y facilita la mejora continua.

Cuando estos pilares se implementan de manera coordinada, la empresa se convierte en un sistema ordenado que funciona con claridad, delega con confianza, mide con precisión y mejora de forma constante.

Para lograrlo, la capacitación y el acompañamiento son claves: no como un décimo pilar, sino como la fase que activa el modelo y lo convierte en práctica viva dentro de la organización. Sin esa etapa, los pilares quedarían en papel; con ella, se vuelven hábitos colectivos que sostienen el cambio.

¿Qué lo hace diferente?

El MGF es:

- **Flexible.** No todas las empresas son iguales. El MGF se adapta a tu tamaño, giro y nivel de madurez.
- **Progresivo.** Puedes iniciar con lo más urgente y avanzar por etapas.
- **Integrador.** Todos los elementos se conectan: tu filosofía guía tu estructura, tu estructura define tus funciones, tus funciones generan procesos y esos procesos se sostienen con políticas y manuales.
- **Medible.** Puedes saber qué tan funcional es tu empresa hoy y ver cómo evoluciona conforme aplicas el modelo.
- **Práctico.** Está pensado para implementarse con lo que ya tienes, sin necesidad de software sofisticado o consultorías interminables.

¿Qué puede lograr una pyme al aplicar el MGF?

- Ganar orden sin perder agilidad.
- Delegar sin miedo a que las cosas se hagan mal.

- Tener colaboradores más alineados, responsables y motivados.
- Invertir tiempo en lo estratégico, no en lo operativo.
- Generar confianza ante clientes, proveedores, inversionistas y el propio equipo.
- Escalar sin perder el control de la operación ni la calidad.

El MGF no es una moda. Es una forma de pensar y gestionar tu empresa de forma estructurada, humana y sostenible.

Y tú estás a punto de conocer, paso a paso, cómo hacerlo realidad en tu empresa.

¿Cómo se relaciona con ISO, cultura organizacional y escalabilidad?

Uno de los errores más comunes al hablar de «orden empresarial» es pensar que se trata simplemente de cumplir requisitos legales o de «tener los papeles en regla». Sin embargo, el verdadero valor de una estructura funcional no está en la forma, sino en el fondo: en cómo una empresa vive su cultura, toma decisiones y se prepara para crecer.

El MGF no busca reemplazar a ISO ni a otras normas o marcos de referencia, sino traducir sus principios a un lenguaje aplicable, comprensible y útil para cualquier pyme. Está diseñado para que incluso una microempresa pueda implementar los pilares de la profesionalización sin necesidad de certificarse... pero sí con la posibilidad de hacerlo en el futuro si así lo decide.

¿Qué toma del enfoque ISO?

Normas como ISO 9001 (gestión de calidad) o ISO 30301 (gestión de documentos) promueven prácticas como:

- Documentación clara de procesos.
- Control de versiones y trazabilidad.
- Evaluación del desempeño basada en indicadores.
- Mejora continua.
- Gestión del conocimiento organizacional.

Todos estos principios están integrados en el MGF, pero con un enfoque más humano, flexible y adaptado a la realidad de las pymes mexicanas, que muchas veces no cuentan con áreas especializadas ni recursos sobrantes. En lugar de aplicar las normas ISO al pie de la letra, el modelo toma su esencia y la convierte en prácticas simples y accesibles que cualquier empresa puede implementar sin necesidad de certificarse primero.

¿Qué aporta a la cultura organizacional?

La cultura no se define en un documento. Se vive en la operación diaria. Pero para que exista una cultura sólida —una que se respire, se transmita y se replique— se necesitan estructuras que la sostengan. El MGF convierte la cultura en algo visible y coherente, al:

- Alinear los valores con las funciones reales de cada área.
- Convertir la misión en procesos y decisiones.
- Establecer reglas claras que reflejen lo que la empresa dice que cree.
- Promover la responsabilidad, la rendición de cuentas y el desarrollo del talento.

Una empresa sin estructura repite sus valores como eslogan. Una empresa funcional los convierte en prácticas. Aquí es donde el MGF se conecta con lo que la administración clásica siempre ha enseñado: planear, organizar, dirigir y controlar. Solo que, en lugar de quedarse en teoría, lo aterriza en roles, políticas y procesos reales que sostienen la cultura día a día.

¿Y qué tiene que ver con la escalabilidad?

Muchas empresas se estancan no por falta de clientes, sino por falta de estructura para soportar el crecimiento. Contratan más personas, pero no tienen cómo integrarlas. Abren más proyectos, pero no pueden supervisarlos. Venden más... y entregan peor.

El MGF resuelve esa paradoja. Permite escalar sin perder el control, porque:

- Define funciones claras desde el inicio.
- Estandariza procesos clave.
- Fortalece la toma de decisiones basada en datos.
- Reduce la dependencia de personas clave.
- Facilita la capacitación de nuevos colaboradores.
- Construye bases para implementar sistemas tecnológicos o ERP.

En pocas palabras, el MGF te prepara para crecer con orden y sin comprometer lo que ya has construido. Tal como advierte Porter en sus planteamientos sobre estrategia competitiva, crecer sin estructura puede convertirse en un riesgo que frena a la empresa. El MGF elimina ese freno, construyendo bases sólidas que permiten competir, expandirse y sostener la calidad en el tiempo.

3. Haz tu autodiagnóstico: ¿dónde estás hoy?

Toda transformación empresarial comienza con una pregunta esencial: ¿dónde estoy parado hoy?

La mayoría de los líderes tiene claro a dónde quiere llegar: más clientes, más rentabilidad, más orden, más impacto. Pero pocos se detienen a reconocer con objetividad desde dónde están partiendo. Y ese es el primer gran error. Porque cualquier estrategia que ignore el punto de partida está condenada a la frustración.

Este capítulo no te dirá si tu empresa es «buena o mala». No busca juzgar tu labor como líder, sino ayudarte a observar tu organización con ojos frescos, desde una lógica funcional: sin filtros, sin adornos, sin excusas. Solo hechos.

Muchos negocios se sostienen por costumbre, bajo la lógica de «así lo hemos hecho siempre». Pero el crecimiento real —el que es sostenible y estratégico— requiere mucho más que costumbre: requiere estructura, claridad y visión sistémica. Y eso no se puede construir si primero no identificas lo que ya tienes... y lo que te está faltando.

El MGF no es una fórmula mágica, es una herramienta. Y como toda herramienta, solo funciona si sabes dónde aplicarla. Y eso solo se logra con un diagnóstico honesto.

Aquí no te vamos a pedir que llenes un cuestionario para obtener un resultado automático. Lo que vas a encontrar es un ejercicio de autoobservación crítica, una lectura funcional de tu empresa, basada en evidencia real. Porque cuando uno tiene claridad sobre lo que está funcionando y lo que no, las decisiones dejan de ser impulsos... y se convierten en estrategia.

Este capítulo te ayudará a:

- Reconocer síntomas ocultos de desorden que podrías estar normalizando.
- Entender qué tan estructurada está tu empresa en cada uno de los pilares del modelo.
- Identificar por dónde empezar, sin abrumarte ni querer corregir todo a la vez.
- Trazar una línea base que te servirá para medir el avance en los próximos meses.

Antes de implementar cualquier pilar del MGF, necesitas responder con total honestidad: ¿Tu empresa ya funciona... o solo sobrevive?

La respuesta a esa pregunta es el punto de partida de tu evolución.

¿Cómo identificar tu nivel de madurez funcional?

No todas las empresas enfrentan el desorden del mismo modo. Algunas apenas están empezando a identificar sus áreas problemáticas. Otras ya tienen cierto orden, pero no lo suficiente como para crecer sin complicaciones. Y hay algunas que, aunque no son perfectas, ya operan con lógica, estructura y sostenibilidad.

Por eso, no se trata de saber si tu empresa está «bien o mal», sino de reconocer qué tan madura es su forma de operar. Este concepto se conoce como nivel de madurez funcional, similar a los modelos de gestión reconocidos internacionalmente (como los que inspiran la ISO 9001 o la guía PMBOK® del PMI). Representa qué tanto control, claridad y consistencia tiene tu organización para operar, delegar, medir y mejorar con base en procesos definidos y no solo en costumbre.

Piensa en tu empresa como un sistema. Un sistema puede ser:

- **Intuitivo:** depende del instinto, la experiencia o la memoria de unas cuantas personas.
- **Estructurado:** opera con procesos definidos, roles claros, documentación y evaluación.
- **Escalable:** puede crecer sin colapsar porque su estructura soporta la expansión.

El MGF considera que toda empresa se encuentra en alguna de estas tres etapas funcionales:

Nivel 1: Reactiva o intuitiva

En este nivel, la improvisación es el método de trabajo. No hay claridad sobre funciones, los procesos viven en la mente de las personas y la toma de decisiones es reactiva. El fundador está involucrado en todo y cada día se resuelven problemas nuevos sin una lógica estandarizada.

Síntomas comunes:

- Todo depende del dueño.
- No hay descripciones de puesto claras.
- Se repiten errores por falta de procedimientos.
- La empresa sobrevive, pero a costa de desgaste.

Nivel 2: Parcialmente estructurada

En este nivel, la empresa ya cuenta con ciertos procesos, políticas o funciones definidas, pero no están del todo integradas. Algunas áreas operan con orden; otras, aún con intuición. Hay avances, pero también muchos cuellos de botella.

Síntomas comunes:

- Hay líderes que sí gestionan, pero otros solo operan.
- Existen procesos, pero no están documentados ni auditados.
- Algunas políticas se aplican; otras, no se conocen.

Se nota intención de profesionalizar, pero falta continuidad.

Nivel 3: Funcional y en evolución

Aquí, la empresa ya opera con estructura, medición y delegación efectiva. La cultura organizacional es vivida, no solo comunicada. Existen herramientas de control, tableros de indicadores, políticas activas y procesos estandarizados. Aun así, siguen existiendo áreas de mejora, pero se enfrentan desde una lógica de mejora continua.

Síntomas comunes:

- El director general puede delegar sin perder el control.
- Los líderes gestionan con métricas y objetivos.
- La documentación está centralizada, vigente y accesible.
- La empresa puede escalar sin comprometer su operación actual.

Reconocer tu nivel de madurez funcional es fundamental porque te permite:

10. Priorizar por dónde empezar a aplicar el modelo.
11. Evitar frustraciones al querer implementar todo de golpe.
12. Medir tu evolución a lo largo del tiempo.

En el siguiente apartado encontrarás un *checklist* práctico que te permitirá evaluar con más detalle cada uno de los pilares del MGF. Este ejercicio te ayudará a aterrizar tu diagnóstico de forma visual y tomar decisiones con mayor certeza.

Checklist de autodiagnóstico y puntos críticos

Este *checklist* está pensado para ayudarte a ver con claridad dónde estás parado y, sobre todo, qué aspectos del MGF requieren tu atención inmediata.

Te recomiendo leer cada ítem con mente abierta. No respondas desde lo que «debería estar», sino desde lo que realmente está funcionando hoy. Entre más honesto seas, más útil será este diagnóstico.

Marca cada afirmación con un *check* «✓» si es verdadera en tu empresa, y haz una anotación breve si no aplica o aún no está resuelta. Al final, podrás identificar puntos críticos de mejora y definir prioridades.

1. Filosofía organizacional
   - ☑ Tenemos una misión, visión y valores claros, actualizados y difundidos.
   - ☑ Contamos con un análisis FODA vigente que guía nuestros objetivos y decisiones estratégicas.
   - ☑ Los valores institucionales están aterrizados en conductas observables y forman parte de nuestra cultura diaria.

2. Estructura funcional
   - ☑ Disponemos de un organigrama funcional actualizado, con áreas, niveles y responsables por puesto.
   - ☑ Cada persona sabe a quién reporta y por qué.

☑ La estructura está alineada con nuestras necesidades reales, no con decisiones improvisadas.

3. Mapa funcional por áreas
   ☑ Tenemos un desglose de funciones clave por área y subestructura (actividades, controles, responsables, KPI).
   ☑ Cada área tiene claridad sobre sus funciones específicas, más allá del título del puesto.
   ☑ Usamos este mapa para alinear tareas, evaluar desempeño o detectar vacíos operativos.

4. Descriptivos de puesto
   ☑ Al menos el 80 % de los puestos cuentan con un descriptivo formal, firmado y vigente.
   ☑ Cada puesto tiene definidas sus funciones clave, perfil y competencias.
   ☑ Existen indicadores de desempeño vinculados a cada función.

5. Procesos organizacionales
   ☑ Tenemos procesos documentados para las funciones clave (operativas, comerciales, administrativas).
   ☑ Utilizamos diagramas de flujo, RACI o SIPOC con entradas, responsables y controles claros.
   ☑ Estos procesos son conocidos por el personal e integran los formatos y responsabilidades de cada área.

6. Políticas internas
   ☑ Contamos con políticas escritas y firmadas por la dirección o RR. HH. (por ej., asistencia, vacaciones, calidad, comportamiento).

- ☑ Se han comunicado de forma oficial al equipo y están accesibles para consulta.
- ☑ Existe registro de su aplicación: formatos, sanciones, seguimientos o revisiones.

7. Manuales y documentación integrada
   - ☑ Tenemos un Manual Organizacional que consolida filosofía, organigrama, puestos, procesos y políticas.
   - ☑ Está en versión digital y/o física con control de versiones y fecha de última actualización.
   - ☑ El manual es accesible y se usa como base para la inducción, seguimiento y mejora.

8. Normatividad y protección legal
   - ☑ Contamos con un Reglamento Interno de Trabajo actualizado y firmado por los colaboradores.
   - ☑ Tenemos un Código de Ética y Conducta que ha sido comunicado formalmente.
   - ☑ Existen protocolos laborales clave que nos protegen ante conflictos, auditorías o inspecciones.

9. Gestión documental
   - ☑ Contamos con una lista maestra de documentos con códigos, versiones, responsables y ubicación.
   - ☑ Existen políticas de resguardo, acceso, respaldo y control de versiones.
   - ☑ Los documentos están organizados, accesibles y protegidos (digital o físicamente).

¿Cómo interpretar tu resultado?

Cuenta cuántos *checks* «✓» tienes en total:

- **+24 afirmaciones cumplidas:** Tu empresa está funcionando con estructura real, aunque aún hay espacio para consolidar y evolucionar.
- **Entre 16 y 23 afirmaciones:** Tu empresa está parcialmente estructurada, con buenas bases, pero puntos críticos por resolver.
- **Menos de 16 afirmaciones:** Tu empresa está funcionando por esfuerzo, no por estructura. El MGF puede ayudarte a reorganizar desde la raíz.

Recuerda: este no es un examen. Es un mapa.

No necesitas tener todo listo hoy, pero sí necesitas saber con claridad por dónde empezar.

¿Hacia dónde te lleva este autodiagnóstico?

Después de realizar tu *checklist* y reflexionar sobre los síntomas que identificaste, es posible que tengas sensaciones encontradas: alivio por lo que ya está funcionando y preocupación por lo que falta. Eso es normal. El objetivo de este ejercicio no es calificarte, sino darte un punto de partida claro.

Reconocer tu nivel de madurez funcional es, en sí mismo, un acto de liderazgo. La mayoría de las empresas no fracasan por falta de clientes o de talento, sino por no detenerse a ordenar su base operativa. Al saber con precisión dónde estás hoy, evitas la trampa de improvisar soluciones rápidas y comienzas a construir decisiones estratégicas.

Este diagnóstico también tiene otro valor: convierte lo invisible en visible. Muchos de los problemas que desgastan a las pymes —retrabajos, errores repetidos, dependencia del dueño, falta de indicadores— se habían normalizado tanto que parecen parte natural de la operación. Pero no lo son. Al ponerlos sobre la mesa, dejas de vivir en modo reacción y empiezas a tomar control.

Lo importante no es si tu empresa se encuentra en el nivel 1, 2 o 3, sino que ahora sabes que existe un camino para evolucionar. La madurez funcional no se alcanza de golpe ni con discursos motivacionales. Se construye paso a paso, con estructura, disciplina y compromiso, apoyándose en herramientas reconocidas de gestión (como indicadores SMART, sistemas de calidad tipo ISO o metodologías de mejora continua como Lean Six Sigma).

En los próximos capítulos aprenderás a reforzar cada pilar del MGF para que tu empresa deje de depender del esfuerzo constante y comience a funcionar como un sistema sólido, estable y escalable.

Porque ahora que sabes con claridad dónde estás, lo siguiente es decidir con visión y valentía hacia dónde quieres llevarla. Ese será el verdadero inicio de tu transformación.

4. Filosofía que guía y alinea a todos

Hablar de «misión, visión y valores» puede sonar a una clase de la licenciatura en administración. De hecho, muchas empresas los tienen redactados en una pared, en el manual o en la página web... pero no en la mente ni en las decisiones de su equipo. Son frases bien estructuradas, correctas, aspiracionales... y completamente desconectadas de la realidad operativa.

La filosofía organizacional no debería ser un elemento decorativo ni una tarea inicial que luego se olvida. Igual que lo plantean los grandes referentes de la administración, debe ser el faro que guía cada decisión, la brújula que orienta cada cambio y el marco que alinea a todo el equipo —desde la alta dirección hasta los operativos— en torno a un propósito compartido.

Cuando una empresa no tiene una filosofía clara —o no la aplica— suele mostrar señales de desalineación: decisiones contradictorias, conflictos entre áreas, falta de criterio común, cultura ambigua y baja motivación. No es casualidad. Sin una base ideológica firme, la empresa opera como un barco sin dirección clara: se mueve, sí... pero no sabe hacia dónde ni por qué.

Y cuando hay una filosofía poderosa —vivida, no impuesta—, la diferencia se nota:

- ✓ El personal no solo cumple funciones, entiende su propósito.
- ✓ Las decisiones se evalúan con base en valores y visión de largo plazo.

- ✓ La comunicación fluye con mayor claridad porque hay un marco común.
- ✓ El liderazgo se fortalece, porque sabe hacia dónde guiar y con qué principios.

La filosofía organizacional es el pilar que da sentido a todo lo demás. Porque no importa cuánto orden tengas, si no sabes para qué haces lo que haces, el orden se vuelve burocracia. El MGF inicia con este pilar por una razón muy clara: una empresa que no sabe quién es no puede decidir a dónde ir ni cómo operar con coherencia.

Una filosofía empresarial elegante, innovadora e incluso inspiradora no sirve de nada si no es vivida.

A continuación, exploraremos si realmente vale la pena tener misión, visión y valores, cómo se pueden aterrizar a la realidad operativa y cómo el análisis FODA puede convertirse en un insumo estratégico para fortalecer esta filosofía desde adentro.

¿Misión, visión y valores sirven de algo?

Durante años se ha enseñado que toda empresa debe tener una misión, una visión y un conjunto de valores. Pero en la práctica, muchas veces se convierten en frases huecas que nadie recuerda, nadie consulta y nadie aplica. Entonces surge una pregunta legítima: ¿sirven realmente para algo?

La respuesta es sí, pero solo cuando se hacen bien... y se viven.

Una misión mal redactada es solo un conjunto de palabras bonitas. Una visión desconectada de la estrategia es una fantasía sin ruta. Y unos valores que no se aplican se convierten en incoherencias que debilitan la cultura interna.

Pero cuando estos elementos están bien diseñados y verdaderamente integrados en la empresa, tienen el poder de transformar la forma en que se toman decisiones, se lidera, se comunica y se construye cultura.

¿Qué es y para qué sirve una misión?

La misión responde a una sola pregunta: ¿para qué existe esta empresa?

No se trata únicamente de describir qué se vende o a quién se atiende, sino de expresar la verdadera razón de ser de la organización. Una misión bien diseñada es breve, clara y accionable. Igual que los principios de gestión modernos señalan, debe recordarle a cada persona que su trabajo diario está conectado con un propósito mayor que trasciende la tarea técnica que realiza.

Una misión efectiva:

- ✓ Da sentido al trabajo del equipo y conecta las funciones con un propósito común.
- ✓ Comunica de manera sencilla y directa el propósito central de la empresa.
- ✓ Sirve como marco para orientar tanto las decisiones estratégicas como las operativas.

Ejemplo funcional:

Misión: Facilitar el crecimiento de las pymes mediante consultoría estratégica y soluciones empresariales integrales que generen orden, eficiencia y valor sostenible en cada área del negocio.

(Esta misión, de evolupyme, no solo define qué se hace, sino también para quién y con qué enfoque, convirtiéndose en un faro claro para el día a día).

¿Qué es y para qué sirve una visión?

La visión responde a una pregunta clave: ¿hacia dónde queremos llevar la empresa?

No es un simple deseo optimista, sino una proyección estratégica que marca un destino claro y retador. Una visión bien formulada actúa como faro: alinea al equipo en torno a una meta compartida y da dirección incluso en tiempos de cambio o incertidumbre, muy en línea con lo que autores como Porter plantean al hablar de estrategia competitiva: una dirección clara que permita diferenciarse y sostenerse en el largo plazo.

Una buena visión:

- ✓ Inspira y moviliza al equipo hacia un futuro común.
- ✓ Sirve de guía en momentos de crisis, crecimiento o transformación.
- ✓ Alinea objetivos de corto, mediano y largo plazo con un rumbo definido.

Ejemplo funcional:

Visión: Consolidar, para 2035, a evolupyme como la firma de consultoría empresarial más confiable de México, transformando los desafíos de las pymes en crecimiento sostenible.

(Esta visión, de evolupyme, es concreta, territorial y ambiciosa, con un horizonte temporal definido y un propósito alineado al cliente ideal).

¿Qué son y para qué sirven los valores?

Los valores responden a la pregunta: ¿cómo hacemos las cosas aquí?

Son los principios que orientan las decisiones, la conducta y las relaciones dentro de la empresa. Pero no basta con enlistarlos en un manual o colocarlos en una pared: deben convertirse en comportamientos observables que se entiendan, se apliquen y se vivan en el día a día.

Valores como integridad, responsabilidad o innovación son válidos... pero solo cobran fuerza cuando se practican de manera coherente y se reconocen en la cultura interna. Tal como insisten las buenas prácticas de gestión, los valores deben convertirse en comportamientos observables y no quedarse como frases en un manual. De lo contrario, terminan siendo frases decorativas sin impacto real.

Ejemplo funcional:

- **Calidad:** Entregamos soluciones estratégicas, claras y efectivas con altos estándares profesionales.
- **Compromiso:** Alineamos esfuerzos y acompañamiento para impulsar el éxito de cada pyme.
- **Confianza:** Construimos relaciones transparentes y éticas, base de toda colaboración empresarial.
- **Satisfacción:** Buscamos superar expectativas entregando resultados medibles y valor tangible.

Para que los valores realmente transformen a la organización, deben ser:

- **Enseñados** desde la inducción.
- **Reforzados** en la comunicación interna y en las políticas.
- **Modelados** por los líderes en su ejemplo diario.
- **Reconocidos** en las personas que los representan con hechos.

Cuando los valores se convierten en criterios de decisión y en guías de comportamiento, dejan de ser un adorno institucional y se transforman en la base viva de la cultura organizacional.

¿Y cómo se integran a lo funcional?

En una empresa funcional:

- La misión está presente en los procesos de inducción, comunicación y estrategia.
- La visión se traduce en objetivos claros y metas medibles.
- Los valores se reflejan en las políticas internas, en la forma de contratar, capacitar, corregir y reconocer.

Cuando misión, visión y valores están bien definidos y correctamente integrados al sistema de gestión, dejan de ser una obligación institucional... y se convierten en una herramienta poderosa de alineación cultural, operativa y estratégica.

Una filosofía empresarial elegante, innovadora e incluso inspiradora no sirve de nada si no es vivida. Y para vivirla, hay que construirla con sentido.

¿Cómo crear una filosofía que se viva, no solo se cuelgue en la pared?

Una filosofía organizacional no debe redactarse solo para llenar un espacio en el manual o en la página web. Debe nacer desde adentro, reflejar lo que la empresa es hoy y lo que aspira a ser. Y, sobre todo, debe tener sentido operativo.

Para lograrlo, no basta con juntar palabras inspiradoras. Hay que construir la filosofía con una lógica que permita que guíe decisiones, alinee comportamientos y se convierta en un marco cultural real.

Aquí te comparto un proceso funcional y adaptable para desarrollar una filosofía organizacional viva:

Paso 1: parte de lo que ya haces

Antes de escribir tu misión o visión ideal, observa cómo funciona hoy tu empresa. Pregúntate:

- ¿Qué buscan realmente nuestros clientes cuando nos contratan?
- ¿Qué hacemos diferente respecto a otros?
- ¿Qué decisiones tomamos de forma consistente?
- ¿Qué comportamientos valoramos y cuáles toleramos?

Estas respuestas revelan la cultura real, no la aspiracional. El reto es identificar qué conservar, qué fortalecer y qué transformar.

Paso 2: define tu propósito con claridad

La misión debe ser breve, concreta y fácil de recordar. No es un poema. Es una declaración de propósito que responde:

- ¿Qué hacemos?
- ¿Para quién?
- ¿Con qué intención o valor diferencial?

Buena misión:

✓ Es clara.
✓ Está centrada en el cliente.
✓ Tiene enfoque de acción.

Paso 3: visualiza el impacto futuro con enfoque

La visión debe proyectar un destino alcanzable, retador y congruente con tu modelo de negocio. No se trata de ser el «líder mundial en...» si apenas estás consolidando operaciones locales.

Responde a:

- ¿Qué queremos lograr como empresa?
- ¿Cómo queremos ser percibidos en el futuro?
- ¿En qué tipo de impacto queremos influir?

Buena visión:

✓ Da dirección.
✓ Es medible en el tiempo.
✓ Refleja identidad propia.

Paso 4: elige valores que puedas observar y reforzar

Selecciona de 3 a 5 valores que realmente puedas aplicar. Luego, traduce cada uno a un comportamiento observable.

Buenos valores:

- Son coherentes con la cultura que quieres construir.
- Pueden observarse en acciones diarias.
- Se refuerzan con el ejemplo del liderazgo.

Paso 5: aterrízalos en tu operación

Una filosofía bien redactada no sirve si no se conecta con la realidad diaria. Para lograrlo:

- Inclúyela en la inducción de nuevos colaboradores.
- Usa sus principios para diseñar o actualizar políticas internas.
- Evalúa si los comportamientos del equipo están alineados a los valores.
- Refuerza con ejemplos reales en juntas, retroalimentaciones y reconocimientos.
- Usa frases clave de tu misión o visión como criterios para decidir, contratar, sancionar o premiar.

Una filosofía viva se mide por cuánto influye en las decisiones, no por cuán bonita está redactada.

Crear una filosofía que se viva es una inversión de liderazgo. Es elegir con intención cómo quieres que se piense, se actúe y se relacione dentro de tu empresa.

Y cuando todos en la organización comparten el mismo propósito, miran en la misma dirección y se rigen por los mismos principios, todo fluye con más claridad, sentido y sostenibilidad.

En el siguiente punto veremos cómo complementar esta base filosófica con una herramienta estratégica que, bien aplicada, puede ayudarte a tomar decisiones más inteligentes: el análisis FODA.

El poder del FODA cuando se usa bien

El FODA (Fortalezas, Oportunidades, Debilidades y Amenazas) es una de las herramientas más conocidas en el mundo empresarial... y también una de las más mal utilizadas. Su verdadero valor no está en llenar cuadrantes, sino en conectarlo con la estrategia y la filosofía de la empresa, tal como lo sugieren los enfoques de competitividad y análisis de entorno que se han consolidado en la literatura empresarial.

Se enseña en cursos, se incluye en presentaciones y muchas veces se llena como parte de una «tarea» de planeación. Pero rara vez se convierte en un verdadero instrumento de decisión, enfoque y mejora continua.

Por eso, en el MGF no se le trata como un mero requisito estratégico, sino como una herramienta viva que puede ayudarte a ordenar tu pensamiento, tus prioridades y tu camino de evolución como empresa.

¿Qué hace valioso al FODA?

El verdadero valor del FODA está en su capacidad de darte una fotografía funcional de tu organización, conectando lo que puedes controlar con lo que no puedes ignorar.

- Las **Fortalezas** te dicen en qué apoyarte para crecer.
- Las **Debilidades** te muestran dónde estás en riesgo interno.
- Las **Oportunidades** abren posibilidades de evolución.
- Las **Amenazas** te advierten sobre factores externos que podrían afectarte si no reaccionas a tiempo.

Pero esa información solo sirve si está conectada con tu operación, no si se queda en un diagnóstico decorativo.

¿Cómo se usa mal el FODA?

- Se llena una vez... y no se vuelve a consultar.
- Se redacta con frases genéricas que podrían aplicarse a cualquier empresa.
- Se hace sin datos, sin participación del equipo y sin aterrizar conclusiones.

- No se vincula con decisiones estratégicas reales (p. ej., qué política crear, qué proceso documentar, qué área reforzar).

¿Cómo usarlo de forma funcional?

Aquí te comparto cinco claves para que tu FODA sea una herramienta real, útil y aplicable:

1. **Conéctalo con tu filosofía**
   El FODA debe reforzar lo que quieres lograr como empresa (visión) y desde dónde lo haces (misión y valores). Si detectas una fortaleza que no aporta a tu visión, probablemente estés invirtiendo energía en el lugar equivocado.

2. **Involucra a tu equipo**
   No lo hagas solo. Realiza una sesión de diagnóstico participativo. Los líderes de área tienen perspectivas diferentes y complementarias sobre qué funciona y qué no. Eso también fortalece el sentido de pertenencia.

3. **Sé específico**
   Evita frases genéricas como «mal clima laboral» o «buena atención al cliente». Sé concreto: ¿en qué área? ¿Con qué evidencia? ¿Cuándo se observó? Un buen FODA parte de hechos, no de impresiones.

4. **Relaciona el FODA con los nueve pilares**
   Después de construir tu FODA, clasifica los hallazgos por pilar funcional del MGF. Por ejemplo:

   ¿Una debilidad es la falta de indicadores de desempeño por puesto o proceso? → Pilar relacionado: Descriptivos de puesto.

¿Una amenaza es un cambio en la legislación laboral o fiscal que podría afectar tu operación? → Pilar relacionado: Políticas internas.

¿Una fortaleza es que tus procesos clave ya están documentados y son replicables por otras personas del equipo? → Pilar relacionado: Procesos organizacionales.

¿Una oportunidad es que estás por implementar un nuevo sistema ERP o digitalizar operaciones administrativas? → Pilar relacionado: Gestión documental.

5. **Úsalo para definir acciones concretas**
   El FODA no termina en la matriz. Termina en el plan de acción. Puedes usar la Matriz PEEA (FO, DO, FA, DA) para crear estrategias combinadas que respondan a tu realidad funcional.

¿Cuándo actualizar el FODA?

Lo recomendable es revisarlo al menos una vez al año, o cada vez que haya un cambio relevante en la organización (nuevo giro, expansión, crisis, reestructuración interna).

Una empresa que mantiene su FODA actualizado, conectado al modelo funcional y vinculado a la toma de decisiones, tiene una ventaja estratégica poderosa: sabe dónde está parada y cómo avanzar con criterio.

Porque si bien el FODA por sí solo no cambia nada... un FODA bien usado cambia la forma en que decides, priorizas y evolucionas.

Aplicación funcional

Qué recordar:

- La misión, visión y valores deben vivirse, no solo redactarse.
- Una filosofía clara alinea decisiones, cultura y estrategia.
- El FODA es útil solo si se conecta con acciones reales.

Revisa en tu empresa:

- ¿Tu equipo conoce la misión y visión sin leerlas?
- ¿Tus valores se reflejan en el comportamiento diario?
- ¿Tu FODA está actualizado y te guía para decidir?

Acciones rápidas:

- Redacta o valida misión, visión y valores con tu equipo.
- Alinea esos elementos con políticas, procesos y liderazgo.
- Usa tu FODA para definir prioridades concretas.

5. Tu estructura dice todo de ti

Toda empresa tiene una estructura, aunque no la haya definido conscientemente. Puede estar en una hoja de Excel, en la mente del director o en la forma en que el equipo interactúa día a día. Pero que exista no significa que esté bien diseñada.

La estructura organizacional es mucho más que un organigrama lleno de cajitas y flechas. Es el sistema que define cómo fluye la autoridad, cómo se distribuyen las responsabilidades, cómo se toman las decisiones y cómo se conectan las personas para que todo funcione.

En la práctica, es el esqueleto de la empresa. Y como todo esqueleto, si está mal formado, genera tensión, desequilibrio y dolor oculto. Como bien señala la teoría administrativa clásica, una estructura mal diseñada no solo confunde: desgasta, duplica esfuerzos y vuelve frágil al negocio.

Tal vez ya lo has notado: áreas que no saben a quién reportar, colaboradores que hacen de todo pero no tienen claridad sobre su rol, líderes que supervisan pero no gestionan, zonas grises donde nadie asume responsabilidades... y tú, en el centro de todo, intentando sostenerlo.

Una estructura mal definida es una de las principales causas del desorden en las pymes. Cuando nadie tiene claro quién hace qué, cómo se relacionan las áreas y quién debe decidir, todo recae en las personas que «siempre resuelven». Ese salvavidas no dura mucho: tarde o temprano se saturan o se van. Esta situación la veo una y otra vez en diagnósticos internos y confirma lo que autores como Porter explican sobre ventaja competitiva: el desorden erosiona tanto la eficiencia como la capacidad de sostener el crecimiento.

Este capítulo te ayudará a rediseñar —o diseñar desde cero— una estructura funcional que:

- Refleje la realidad operativa de tu empresa.
- Clarifique niveles jerárquicos, flujos de autoridad y comunicación.
- Permita delegar con confianza y controlar con lógica.
- Se adapte a tu tamaño y etapa de crecimiento.

Una estructura bien diseñada evita confusión y permite que las personas trabajen con mayor coordinación. Así, las decisiones fluyen mejor y los errores se reducen naturalmente.

Porque, al final, la estructura que tienes hoy dice mucho de cómo gestionas tu empresa... y de cuánto estás preparado para crecer.

¿Por qué el organigrama es más importante de lo que crees?

Durante años, el organigrama ha sido visto como un documento estático, un diagrama «para tener», útil solo para cumplir con requisitos administrativos o presentaciones. Muchas pymes lo crean una vez y lo olvidan. O peor aún, funcionan con un organigrama que nunca ha existido oficialmente, pero que todos «asumen» cómo opera.

Y, sin embargo, el organigrama es uno de los elementos más poderosos —y subestimados— en la gestión de una empresa.

¿Por qué?

Porque refleja con claridad tres elementos esenciales para el funcionamiento organizacional:

1. Las líneas de autoridad (quién decide sobre qué).

2. Las relaciones funcionales (quién colabora con quién).
3. Las responsabilidades por área (qué se espera de cada grupo de trabajo).

Una empresa sin organigrama o con uno desactualizado vive en una especie de neblina jerárquica:

- Hay personas con más poder del que deberían tener... y otras sin el que necesitan.
- Hay decisiones que se duplican y otras que nadie quiere asumir.
- Hay jefaturas que operan en aislamiento, sin saber cómo se conectan con el resto.

En el mejor de los casos, esto genera retrasos. En el peor, genera conflictos, cuellos de botella y desmotivación.

¿Qué revela el organigrama (aunque no quieras)?

- Si dependes de ti para todo.
- Si hay roles redundantes o vacíos sin cubrir.
- Si tu empresa creció sin plan, añadiendo personas sin una lógica funcional.
- Si tu equipo entiende su posición dentro de un sistema... o solo hace «lo que va saliendo».

¿Qué te permite lograr?

Un organigrama bien diseñado no solo aclara, también libera. Te permite:

✓ **Delegar con orden.** Ya sabes a quién le toca qué.
✓ **Comunicar con lógica.** Sabes con quién hablar según el tema.

- ✓ **Medir con claridad.** Puedes definir indicadores por área.
- ✓ **Proyectar el futuro.** Puedes identificar áreas que deben crecer, fusionarse o fortalecerse.

Más allá de una herramienta visual, el organigrama es una declaración de cómo decides organizar tu negocio, cómo fluye la autoridad, cómo se vinculan los procesos y cómo construyes una cultura clara y coherente.

Si no diseñas tu estructura con intención, el caos la diseñará por ti.

En el siguiente apartado aprenderás a construir —o rediseñar— un organigrama funcional desde cero, aunque tu empresa hoy no tenga formalidad ni departamentos definidos. Porque toda empresa, sin importar su tamaño, puede tener estructura. Y debe tenerla.

¿Cómo diseñarlo bien desde el inicio (o corregirlo sin dolor)?

Diseñar un organigrama no es solo «acomodar cajitas». Es construir una lógica funcional que refleje cómo debe operar tu empresa para alcanzar sus objetivos, de manera clara, sostenible y alineada con tu realidad.

Ya sea que estés creando tu estructura desde cero o corrigiendo una que ya existe, el proceso puede ser liviano, estratégico y sin drama, si se aborda con orden.

Aquí te comparto un enfoque paso a paso, probado en múltiples empresas reales:

Paso 1: parte de lo que sí tienes (aunque sea informal)

Antes de pensar en lo ideal, mapea lo real. ¿Quién hace qué hoy? ¿A quién reportan? ¿Qué decisiones toma cada persona? Hazlo sin juzgar. Este paso es solo diagnóstico.

Herramienta útil: mapa de funciones actuales.

Haz una lista por nombre de persona, área (si existe) y funciones que realiza. Identifica si hay duplicidades, vacíos o roles mezclados.

Paso 2: define las áreas funcionales esenciales

No se trata de copiar organigramas de otras empresas. Se trata de diseñar uno que refleje tu realidad. Pregúntate:

- ¿Qué áreas necesitas para funcionar de forma estable?
- ¿Qué procesos clave deben tener responsables definidos?
- ¿Cómo se relacionan entre sí esas funciones?

Ejemplos típicos de áreas funcionales mínimas en una pyme:

- Dirección o Gerencia General
- Administración / Finanzas / Contabilidad
- Operaciones / Producción / Servicios
- Comercial / Ventas / Marketing
- Capital Humano
- Compras / Adquisiciones
- Tecnologías de la Información (TI)
- Auditoría / Control / Calidad
- Relaciones Públicas / Comunicación Corporativa

Puedes agrupar áreas si tu operación aún es pequeña, pero desde el principio deja claro que cada función existe, aunque la cumpla una sola persona.

Paso 3: determina niveles y lógica de autoridad

No todos los organigramas deben tener muchos niveles jerárquicos. Pero sí deben dejar claro:

- ¿Quién lidera?
- ¿Quién supervisa?
- ¿Quién coordina?
- ¿Quién ejecuta?

Una buena estructura permite tomar decisiones sin depender siempre del mismo líder. La autoridad se reparte con lógica y confianza, no por intuición.

Evita organigramas horizontales que parecen democráticos, pero en la práctica generan descontrol.

Paso 4: usa símbolos y jerarquías visuales funcionales

No necesitas un software sofisticado como Visio. Puedes usar Word, PowerPoint o herramientas como Canva, Lucidchart o Miro. Lo importante es que:

- El director general o dueño esté en la cima de la toma de decisiones.
- Las líneas jerárquicas sean claras y directas (quién reporta a quién).
- Cada área tenga un responsable formal, aunque sea multifuncional.
- Evites cruces innecesarios o ambigüedad visual.

La claridad visual es parte de la funcionalidad. Un organigrama confuso es una empresa confusa.

Tipos de organigrama: elige el que te funcione (no el que se vea mejor)

Existen varios tipos de organigrama, pero no todos son útiles para una pyme. Aquí te comparto los más comunes y lo que debes saber para elegir el formato adecuado:

a. **Organigrama vertical (jerárquico tradicional):**
   Es el más recomendable para pymes. Muestra con claridad quién reporta a quién y cómo se distribuye la autoridad. Ayuda a ordenar equipos y establecer flujos de decisión.

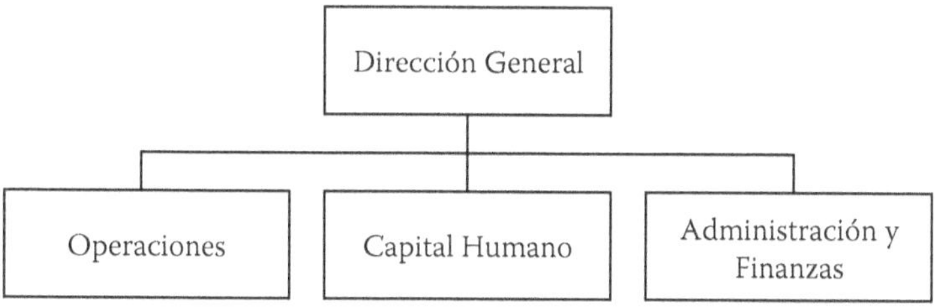

b. **Organigrama horizontal:**
   Suele usarse en *startups* o empresas con enfoque ágil. Visualmente moderno, pero puede generar ambigüedad si no se definen bien los niveles. Poco recomendable si buscas fortalecer el control funcional.

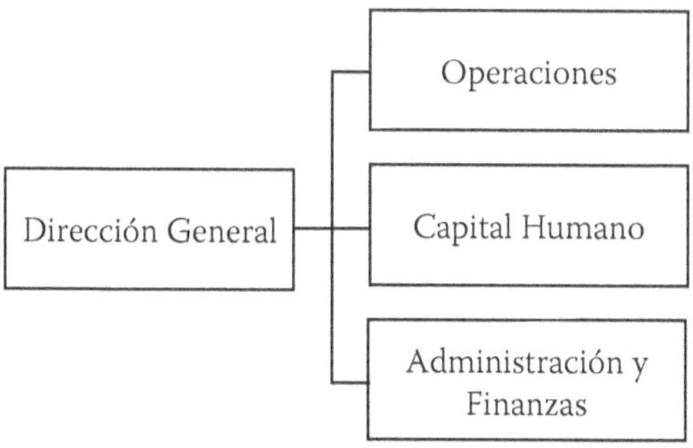

c. **Organigrama matricial:**
Combina jefaturas funcionales con responsables por proyecto. Es útil en empresas grandes con estructuras duales, pero puede ser demasiado complejo para una pyme en crecimiento.

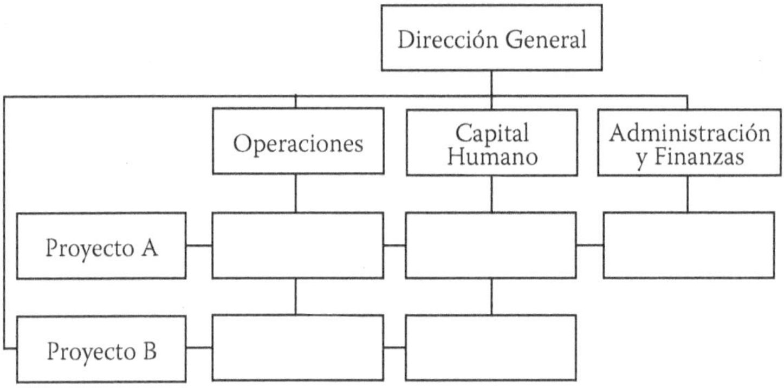

d. **Organigrama circular o por procesos:**
Útil para representar lógica sistémica, pero no reemplaza al organigrama jerárquico. Se puede usar como complemento, no como base principal.

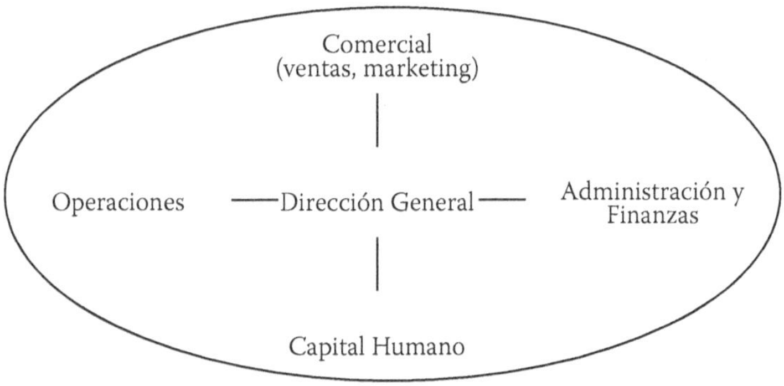

Recomendación: Empieza con un organigrama vertical, claro, bien jerarquizado y alineado con tus áreas clave. Conforme crezcas y tu operación lo demande, podrás complementar con estructuras más complejas.

Paso 5: Corrige sin dolor (si ya tienes estructura)

Muchas empresas ya tienen «algo parecido» a un organigrama. Pero si no refleja la realidad, genera confusión. Para corregirlo sin resistencia:

- **Comparte el propósito del rediseño:** no es para controlar, sino para clarificar.
- **Escucha al equipo:** a veces las funciones ya están mal distribuidas y nadie lo ha dicho.
- **Apóyate en el diagnóstico previo del MGF:** si identificaste cuellos de botella o duplicidades, úsalos como argumento técnico.
- **Hazlo en fases:** puedes reestructurar en etapas si el cambio es grande.

Un buen organigrama no resuelve todo, pero sí es el principio de muchas soluciones.

Diseñar tu estructura con lógica funcional te permitirá operar con orden, delegar con confianza y proyectar el crecimiento sin improvisar. Pero no se trata solo de dibujar cómo funciona tu empresa hoy: el organigrama también debe mirar al futuro.

Una buena práctica es diseñar la estructura actual y, junto a ella, una versión proyectada a dos, tres o incluso cinco años. Esa «visión futura» permite anticipar qué áreas necesitarás fortalecer, qué nuevos puestos tendrás que crear y cómo se irán integrando conforme la empresa crezca.

Por ejemplo, una pyme que hoy tiene un área de administración básica puede visualizar que en tres años requerirá separar finanzas, compras y almacén en subáreas distintas. O una empresa que hoy concentra ventas y marketing en una sola persona puede prever que necesitará un equipo comercial completo con roles especializados.

Diseñar con doble enfoque —presente y futuro— te permite contratar con intención, crecer con lógica y evitar improvisaciones. No se trata de llenar la empresa de puestos que aún no puedes pagar, sino de trazar un mapa que te muestre qué integrar en el momento adecuado. Esa claridad es la diferencia entre reaccionar al crecimiento... o dirigirlo con estrategia.

En el siguiente punto veremos cómo asegurarte de que los roles, niveles y responsables estén bien definidos, sin duplicidades, sin zonas grises y con todo el equipo sabiendo exactamente qué lugar ocupa en el sistema.

Roles, niveles y responsables: sin duplicidades ni vacíos

Una estructura bien diseñada no termina en un organigrama bonito. El verdadero valor de una estructura funcional está en la claridad con la que define quién hace qué, en qué nivel de responsabilidad y con qué autoridad para decidir o actuar.

Muchas empresas cometen el error de definir áreas pero no roles. O de crear puestos, pero no establecer niveles jerárquicos claros. Y eso genera un desorden silencioso: duplicidades, zonas grises, jefaturas fantasma y colaboradores sin rumbo.

Para evitarlo, necesitas asegurarte de tres cosas básicas:

1. Cada persona debe tener un rol claro
   No basta con tener un título. Un puesto debe tener un rol funcional definido: ¿es operativo, coordinador, supervisor, líder, directivo? Cada uno de estos implica un tipo de enfoque distinto.

   - Un **operativo** ejecuta tareas bajo supervisión.
   - Un **coordinador** organiza recursos y da seguimiento.

- Un **supervisor** evalúa cumplimiento y da retroalimentación.
- Un **líder** desarrolla personas y toma decisiones tácticas.
- Un **directivo** define estrategia, representa autoridad formal y toma decisiones clave.

Pregunta guía: ¿esta persona está resolviendo, coordinando o liderando?

2. Cada nivel debe tener autoridad proporcional a su responsabilidad
   Un error común es asignar responsabilidades sin dar la autoridad necesaria para cumplirlas. Un coordinador que no puede asignar tareas, un supervisor que no puede corregir errores, un líder que no puede decidir presupuestos... son figuras decorativas.

   Cuando cada nivel tiene autoridad proporcional a su función, se evitan las escaladas innecesarias, se agilizan los procesos y se fortalece la autonomía sin perder control.

   Regla práctica: A mayor impacto en la operación, mayor claridad en la autoridad.

3. Nadie debe estar fuera del sistema (ni por arriba ni por abajo)
   Hay dos señales peligrosas en cualquier estructura:

   - Personas que hacen de todo sin un rol definido (generalistas sin foco).
   - Personas que no están asignadas formalmente a ninguna estructura, y operan como «islas» o figuras flotantes.

Ambas generan caos. Lo ideal es que todas las personas estén alineadas a una subestructura específica, con un rol, un nivel, un responsable directo y resultados esperados.

Ejercicio funcional: Toma tu organigrama y verifica:

- ¿Cada caja tiene un nombre y funciones claras?
- ¿Cada persona sabe a qué subestructura pertenece?
- ¿Existe alguien que esté «flotando» o duplicando funciones?
- ¿Hay zonas sin responsable formal?

Una estructura funcional no solo te dice cómo se llama un puesto. Te muestra para qué existe, dónde encaja y cómo se relaciona con el resto del sistema.

Porque una empresa bien estructurada no tiene jefes que solo supervisan. Tiene líderes que toman decisiones, equipos que saben con quién resolver y procesos que no dependen de voluntades, sino de roles bien definidos.

Este es el paso previo a tu siguiente gran herramienta: el mapa funcional por Áreas. Porque si ya sabes quién está en qué lugar, ahora necesitas saber qué funciones cumple cada área, qué subestructuras existen dentro de ella y qué resultados se espera que generen.

Vamos a construir ese mapa.

Aplicación funcional

Qué recordar:

- Toda empresa tiene estructura, pero no toda está bien diseñada.
- El organigrama no es decoración, es una herramienta de gestión.
- Roles mal definidos generan caos, duplicidades y desgaste.

Revisa en tu empresa:

- ¿Tu organigrama refleja la realidad operativa?
- ¿Todos saben a quién reportan y qué decisiones pueden tomar?
- ¿Hay personas que operan como «islas» o hacen de todo sin claridad?

Acciones rápidas:

- Mapea tu estructura actual, aunque sea informal.
- Define áreas funcionales, niveles y líneas de autoridad.
- Asegura que cada puesto tenga un rol claro y proporcional a su responsabilidad.
- Revisa tu organigrama: ¿proyecta claridad o confusión?

6. El mapa que transforma el caos en claridad

Tener un organigrama es un gran paso... pero no es suficiente.

Saber quién reporta a quién es útil, pero no garantiza que cada área esté haciendo lo que le toca ni que lo haga con claridad, enfoque y resultados.

Aquí es donde muchas empresas se quedan a la mitad del camino: tienen estructura, pero no funcionamiento. Tienen jerarquías, pero no claridad operativa.

Por eso, en este capítulo daremos el siguiente paso lógico: traducir tu estructura organizacional en un mapa funcional por Áreas. Un documento que te mostrará, con detalle, qué hace realmente cada área, cómo se dividen las funciones internas y qué resultados se esperan de cada una.

Este mapa no solo revela cómo trabaja tu empresa. Te ayuda a ordenar, delegar, supervisar y mejorar de forma continua. Funciona como el puente entre el organigrama y la ejecución real, de la misma manera en que metodologías como PMBOK insisten en traducir la estructura en entregables medibles y responsables claros.

Vamos a construirlo juntos.

Del organigrama al funcionamiento real

Un organigrama es como un mapa de carreteras: te dice qué rutas existen, quién conecta con quién y cuáles son los niveles jerárquicos dentro de la empresa.

Pero, igual que con un mapa de carreteras, saber que hay una vía no garantiza que esté pavimentada, bien señalizada o en uso real.

Muchas empresas se quedan en esa primera capa: definen su estructura jerárquica, asignan títulos, pero no bajan al nivel de función real. Es decir, no detallan qué hace exactamente cada área, qué procesos ejecuta, qué entregables produce, qué controles debe aplicar o cómo se mide su desempeño.

El resultado es el clásico escenario donde:

- Dos áreas se pisan funciones sin saberlo.
- Hay actividades clave que «nadie hace porque no se sabe a quién le toca».
- Donde hay equipos que hacen «de todo un poco» sin tener foco, procesos ni metas claras.

El organigrama te muestra quién está dónde; el mapa funcional revela qué hace cada área, cómo lo hace y qué resultados entrega.

Pasar del organigrama al funcionamiento real significa:

- Derivar cada área en sus subestructuras o funciones internas clave.
- Identificar actividades específicas, controles y responsables funcionales.
- Establecer indicadores de cumplimiento alineados al propósito de cada área.
- Detectar vacíos funcionales (actividades sin dueño) o redundancias (dos o más áreas haciendo lo mismo sin coordinación).

Y no se trata de inventar procesos innecesarios ni burocratizar tu operación. Se trata de algo más poderoso: darle propósito operativo a cada área.

Este paso es crítico si quieres dejar de operar con base en la buena voluntad o intuición de tu equipo, y empezar a gestionar con lógica funcional. Porque cuando defines claramente lo que hace cada estructura, puedes:

- Delegar sin temor.
- Medir sin subjetividad.
- Corregir sin conflicto.
- Mejorar sin improvisar.

Este es el punto donde tu empresa comienza a respirar con orden.

Ahora, te mostraré cómo construir ese mapa Funcional por Áreas paso a paso.

Construye tu mapa funcional paso a paso

El mapa funcional por Áreas es la herramienta clave para pasar del esquema estructural al desempeño operativo real.

Construirlo no es complicado, pero sí requiere método, honestidad y visión práctica. Aquí tienes el paso a paso para desarrollarlo desde cero (o corregirlo si ya lo intentaste alguna vez):

Nota importante: Los ejemplos que verás a continuación son referenciales. Cada empresa debe adaptar su mapa funcional a su estructura, sector, tamaño y grado de formalización.

Paso 1: identifica estructuras y subestructuras

Cada área funcional puede dividirse en estructuras y subestructuras, es decir, agrupaciones de funciones clave que responden a un mismo propósito operativo.

Ejemplo 1: Área de administración

- Crédito y cobranza
  - ✓ Alta de clientes
  - ✓ Facturación
  - ✓ Registro de pagos
  - ✓ Cobranza

- Cuentas por pagar
  - ✓ Gestión de proveedores
  - ✓ Control de egresos
  - ✓ Control de anticipos y retenciones

Ejemplo 2: Área de capital humano

- Reclutamiento y selección
  - ✓ Publicación de vacantes
  - ✓ Entrevistas y validación de referencias

- Nómina y administración de personal
  - ✓ Control de asistencia
  - ✓ Cálculo y pago de nómina
  - ✓ Altas, bajas y movimientos

Estas estructuras y subestructuras no siempre aparecen en el organigrama, pero sí se manifiestan en la operación diaria. Son los bloques funcionales reales que ejecutan tareas específicas dentro de cada área.

Paso 2: define actividades clave, controles, periodicidad e indicadores

Por cada subestructura identifica:

- Actividades clave (acciones recurrentes, con impacto directo en la operación)
- Controles asociados (formatos, registros, o mecanismos que aseguran calidad y cumplimiento)
- Periodicidad (diaria, semanal, quincenal, mensual, bimestral, trimestral, semestral, anual, eventual, por proyecto, etc.).
- Indicadores de desempeño (KPI) que permitan evaluar resultados

Ejemplo real de una subestructura (compras)
Actividad clave: Estimación de materiales
Descripción: Cálculo técnico de insumos requeridos por proyecto
Control: Requisición de insumos aprobada
Periodicidad: Quincenal.
Indicador: % de ahorro vs. presupuesto

Asegúrate de que toda función crítica tenga al menos un control y un indicador asociado. No se trata de llenar de KPI sin sentido, sino de elegir los que realmente muestren desempeño. Aquí es útil recordar la lógica de Lean Thinking: eliminar desperdicios también significa simplificar la medición y enfocarse solo en lo que genera valor. Lo importante es que cada función pueda evaluarse de manera objetiva y periódica.

Paso 3: define responsables funcionales

El mapa no está basado en puestos ni jerarquías, sino en funciones.

Pregúntate: ¿Quién es responsable de que esta función se cumpla con calidad, en tiempo y forma?

- En empresas pequeñas, una sola persona puede asumir varias funciones.
- En estructuras más grandes, las responsabilidades pueden repartirse entre coordinadores o especialistas.

Lo esencial es asignar responsables claros por función, y no dejar espacio a la ambigüedad o a frases como «eso lo vemos entre todos».

Paso 4: establece objetivos por área

No todas las actividades tienen el mismo propósito. Cada área —y cada subestructura— debe tener un objetivo funcional claro y alineado con la estrategia general de la empresa.

Ejemplo de objetivo funcional por área:

Área: Administración

Objetivo: Garantizar una administración eficiente, transparente y alineada con los objetivos estratégicos de la empresa, asegurando el control administrativo, la gestión de recursos y el cumplimiento normativo.

Este objetivo les da sentido operativo a las funciones detalladas en el mapa. Lo convierte en una brújula estratégica, como señalan Robbins y Coulter en administración: sin objetivos claros, las funciones son solo tareas; con objetivos definidos, se convierten en piezas de una estrategia coherente.

Paso 5: organiza todo en una tabla visual

Presenta la información en una tabla viva y funcional que puedas actualizar y consultar con facilidad. Aquí te dejo una estructura sugerida:

Mapa funcional de administración

Área	Administración
Objetivo	Garantizar una administración eficiente, transparente y alineada con los objetivos estratégicos de la empresa, asegurando el control administrativo, la gestión de recursos y el cumplimiento normativo.

<table>
<tr><td>Estructura</td><td colspan="4">Crédito y cobranza</td></tr>
<tr><td>Subestructura</td><td>Actividad clave</td><td>Responsable</td><td>Controles</td><td>Periodicidad</td></tr>
<tr><td rowspan="2">Alta de clientes</td><td>Registro y validación de datos fiscales</td><td>Analista administrativo</td><td rowspan="2">Control de altas</td><td rowspan="2">Eventual</td></tr>
<tr><td>Generación de expediente de cliente</td><td>Analista administrativo</td></tr>
<tr><td rowspan="2">Facturación</td><td>Emisión de facturas</td><td>Coordinador administrativo</td><td rowspan="4">Control de facturación</td><td rowspan="4">Semanal</td></tr>
<tr><td>Verificación de facturación recurrente</td><td>Coordinador administrativo</td></tr>
<tr><td rowspan="2">Registro de pagos</td><td>Control y conciliación de pagos</td><td>Coordinador administrativo</td></tr>
<tr><td>Aplicación de pagos a cuentas</td><td>Coordinador administrativo</td></tr>
<tr><td>Indicadores de desempeño (KPI)</td><td colspan="4">% de clientes con expediente completo
% de facturas cobradas, tasa de morosidad
Índice de recuperación de cartera vencida</td></tr>
</table>

Estructura	Control y gestión de recursos			
Subestructura	**Actividad clave**	**Responsable**	**Controles**	**Periodicidad**
Control documental	Recepción, revisión y resguardo de documentos oficiales.	Analista Administrativo	Control documental	Eventual
	Actualización de archivos legales y administrativos	Analista Administrativo		
Gestión de Recursos y Suministros	Solicitud, compra y control de insumos y materiales de oficina	Coordinador Administrativo	Reporte de Suministros	Mensual
	Administración de activos menores (mobiliario, equipo de oficina)	Coordinador Administrativo		
Indicadores de desempeño (KPI)	% de documentos actualizados y resguardados. % de cumplimiento de compras en tiempo y forma. Nivel de actualización de inventario de activos.			

El mapa funcional por Área no tiene una longitud predeterminada. Puede ser tan simple o extenso como lo requiera el tamaño del área o departamento.

¿Qué logras al construir tu mapa funcional?

- **Claridad interna:** Todos saben qué hacen, por qué lo hacen y cómo se mide.
- **Delegación con lógica:** Ya no delegas actividades, sino funciones completas.
- **Decisiones con base operativa:** Detectas vacíos, duplicidades o áreas con sobrecarga.

Este mapa es la columna vertebral del funcionamiento real. Es donde tu empresa pasa de tener «estructura en papel» a tener orden funcional vivo.

A continuación, veremos cómo usar este mapa como herramienta estratégica para evaluar desempeño, profesionalizar equipos y crecer con enfoque.

¿Cómo usar tu mapa funcional para evaluar, delegar y crecer?

Tener un mapa funcional por Áreas no es solo un ejercicio documental. Es una herramienta viva, estratégica y práctica que, bien utilizada, puede transformar por completo la manera en que lideras, evalúas y haces crecer tu empresa.

Veamos cómo convertirlo en un motor de gestión real.

1. Para evaluar con claridad y justicia

   Uno de los principales problemas en las empresas es la evaluación subjetiva: juicios basados en percepciones, favoritismos o supuestos. El mapa funcional elimina esa ambigüedad.

   Cada subestructura tiene funciones específicas, entregables claros, controles definidos y periodicidad. Eso permite responder con objetividad a preguntas como:

   - ¿Se están cumpliendo las actividades clave de cada función?
   - ¿Los entregables están en tiempo, forma y calidad?
   - ¿Qué indicadores muestran mejora o alerta?
   - ¿Quién está cumpliendo con lo que se espera... y quién necesita apoyo?

Así, las evaluaciones de desempeño se basan en hechos, no en intuiciones. Y eso crea un entorno más justo, transparente y enfocado en la mejora continua.

2. Para delegar con orden y confianza
   Delegar no es soltar tareas al azar. Es transferir funciones completas, con propósito, controles y resultados esperados.
   Con tu mapa funcional:

   - Puedes asignar funciones por subestructura, no por intuición.
   - Dejas claro quién es responsable funcional, incluso si varias personas colaboran.
   - Das seguimiento con base en entregables y KPI, no en «cómo va todo».

   Esto elimina frases como «pensé que eso no era mío» o «nadie me dijo que lo hiciera», y construye una cultura de responsabilidad clara.
   Además, te permite detectar cuándo es necesario redistribuir cargas, contratar refuerzos o automatizar funciones que hoy están saturadas.

3. Para crecer sin perder el control
   Toda empresa que crece sin mapa funcional enfrenta el mismo riesgo: duplicar, improvisar o desordenar.
   El mapa es tu base para escalar con orden:

   - Te ayuda a definir nuevas áreas o subestructuras con lógica.
   - Sirve como insumo para crear nuevos descriptivos de puesto, políticas y procesos.

- Facilita la incorporación de nuevas personas, al mostrar qué se espera de cada rol funcional.
- Permite profesionalizar áreas completas sin partir de cero.

Incluso puedes usarlo como base para construir tableros de indicadores por área, definir presupuestos, hacer auditorías internas o presentar estructura ante inversionistas, aliados o entes certificadores.

Tu mapa funcional por Áreas no es un archivo más. Es una brújula de operación.

- Evalúas desde la evidencia.
- Delegas con claridad.
- Y creces con dirección.

Porque cuando cada parte de tu empresa sabe lo que hace, cómo lo hace y por qué lo hace... todo funciona mejor.

Ahora estás listo para avanzar al siguiente nivel: traducir estas funciones a descriptivos de puestos vivos, que guíen el trabajo diario de cada persona. Ahí es donde comienza el siguiente capítulo.

Aplicación funcional

Qué recordar:

- Un organigrama muestra jerarquías. Un mapa funcional muestra cómo opera realmente tu empresa.
- No basta con saber quién está dónde; hay que saber qué hace cada quién, cómo lo hace y cómo se mide.

Revisa en tu empresa:

- ¿Tus áreas tienen funciones y objetivos claros?
- ¿Existen actividades sin responsable o duplicadas?
- ¿Se mide el desempeño con base en funciones reales?

Acciones rápidas:

- Identifica estructuras y subestructuras por área.
- Documenta actividades clave, controles, periodicidad y KPI.
- Asigna responsables funcionales, no solo jerárquicos.
- Usa tablas vivas para ordenar y actualizar todo con claridad.

7. No más confusión: define bien cada puesto

Una empresa puede tener procesos, políticas y estructura, pero si las personas no saben con precisión qué se espera de ellas, el desorden se cuela por todos los rincones. No es casualidad que marcos internacionales como la ISO 9001 insistan en definir y documentar claramente los roles, responsabilidades y competencias, o que la LFT exija describir funciones en los contratos y en el RIT. Sin esta base, todo se sostiene en suposiciones, y las consecuencias son inevitables: confusión, errores y desgaste.

Sucede más seguido de lo que parece: colaboradores que «hacen de todo un poco», líderes que asumen que el equipo «ya debería saber», tareas que se hacen por costumbre y no por claridad, y personas con muchas responsabilidades... pero sin foco. El resultado es predecible: confusión, frustración, baja productividad, errores repetidos y pérdida de tiempo.

Como lo plantea Chiavenato, una gestión de recursos humanos efectiva comienza con claridad en el papel que cada colaborador desempeña, pues sin esa base no es posible alinear talento, expectativas y resultados. Definir bien cada puesto no se trata de cumplir con un documento más. Se trata de darle dirección a cada persona dentro del sistema funcional de la empresa. De que cada colaborador sepa, con total claridad:

- Para qué existe su puesto
- Qué funciones clave debe cumplir
- Qué resultados debe entregar
- Con quién se coordina
- Cómo se mide su desempeño

Cuando esta claridad no existe, las consecuencias se acumulan: funciones mal ejecutadas, duplicidad de esfuerzos, tareas que nadie asume, liderazgos desbordados, colaboradores desmotivados y decisiones tomadas con base en intuiciones, no en roles definidos.

Por eso, el siguiente paso del MGF es construir Descriptivos de Puesto (DDP) que sirvan de guía operativa real. No como un archivo más de Recursos Humanos, sino como una herramienta viva que conecta personas, procesos y estructura para delegar, auditar y mejorar.

Un buen DDP no solo dice «qué hace esta persona»; explica por qué su rol importa, cómo se conecta con otras funciones y con qué evidencia se comprobará su desempeño. Si no se puede comprobar, no se puede gestionar.

Este capítulo te mostrará paso a paso cómo construir DDP útiles, claros, alineados a tu operación diaria y vinculados al MGF.

Porque cuando cada persona entiende su rol dentro del sistema, la empresa fluye. Y cuando no... el caos regresa disfrazado de esfuerzo mal enfocado.

¿Cómo hacer descripciones de puesto útiles y vivas?

Un DDP no debe ser un formato olvidado en una carpeta. Debe ser una herramienta viva, clara y funcional, que sirva como brújula operativa para quien ocupa ese rol y como mapa de referencia para quienes lo dirigen o acompañan.

En muchas empresas, los DDP fallan porque:

- Se elaboran solo por cumplir.
- Se llenan con frases genéricas que aplican a cualquier puesto.

- No reflejan la realidad operativa del día a día.
- Nadie las usa una vez firmadas.

Y cuando eso ocurre, los colaboradores trabajan con suposiciones, no con claridad. Por eso, una DDP útil y vivo debe:

1. Estar escrita en lenguaje claro, directo y accionable
   Evita tecnicismos innecesarios o frases huecas como «apoyar en tareas administrativas». En su lugar, usa verbos en infinitivo que describan funciones concretas, como:

   - «Gestionar pagos a proveedores asegurando cumplimiento de fechas».
   - «Supervisar la ejecución de tareas del área bajo su responsabilidad directa».

   El lenguaje debe facilitar la comprensión de qué se hace, cómo se hace y qué se espera como resultado.

2. Reflejar la realidad operativa
   Un DDP no es un documento idealista, sino un reflejo funcional de lo que realmente sucede en la operación. Debe basarse en el mapa funcional del área, estar alineado al organigrama, y adaptarse si el rol ha evolucionado con el tiempo.

3. Ser útil en múltiples momentos
   Una descripción bien hecha no es estática. Se utiliza en:

   - Reclutamiento (para definir el perfil adecuado)
   - Inducción (para alinear expectativas desde el inicio)
   - Evaluación (para medir desempeño con base en funciones reales)

- Reestructuración (para rediseñar puestos y procesos con criterio)

4. Mantenerse actualizada
Un DDP útil no se escribe una sola vez. Se revisa periódicamente con base en:

- Cambios en procesos, estructura o herramientas
- Reasignación de funciones
- Retroalimentación del propio ocupante del puesto

Una descripción de puesto viva es la que evoluciona con la organización, no la que se guarda en un cajón.

¿Qué debe tener un DDP para realmente guiar al colaborador?

Un DDP no es un formato decorativo ni un trámite administrativo más. Es una herramienta funcional que debe conectar a cada persona con su propósito dentro de la empresa, con sus tareas, resultados esperados y forma de evaluarse.

Cuando está bien construido, un DDP:

- Reduce la ambigüedad en el rol.
- Alinea las funciones con la estrategia del área.
- Fomenta la responsabilidad y la autogestión.
- Mejora la inducción, capacitación y evaluación del desempeño.
- Aporta a la transparencia y evita conflictos por suposiciones.

Un DDP útil responde tres preguntas clave:

1. ¿Quién es la persona que ocupa el puesto?
   Aquí se define el perfil formal y operativo del rol:

   - Nombre del puesto
   - Área/estructura funcional a la que pertenece
   - Lugar de trabajo y condiciones (presencial, híbrido, campo, oficina)
   - Horario laboral y modalidad
   - Prestaciones o beneficios específicos (si aplican)
   - Formación académica mínima requerida
   - Años de experiencia relevantes
   - Competencias técnicas y blandas necesarias
   - Herramientas, *software* o equipo que debe manejar

   Esto ayuda a garantizar que la persona que ocupa el puesto tiene los insumos y el perfil adecuados para desempeñarlo con efectividad.

2. ¿Qué se espera que haga y entregue?
   Aquí se detalla el núcleo del rol:

   - **Objetivo general del puesto:** ¿para qué existe?
   - **Funciones clave:** redactadas con verbos en infinitivo, enfocadas en resultados, no solo en tareas.
   - **Entregables esperados:** productos, reportes, servicios, acciones tangibles que debe generar.
   - **Relaciones internas y externas:** con qué áreas, personas o clientes se relaciona y para qué.
   - **Rol funcional dentro del mapa operativo:** cómo se conecta con procesos y subestructuras del área.

   Esta sección permite que la persona entienda su contribución al sistema, y no solo su lista de pendientes.

3. ¿Cómo se evaluará su desempeño?
   Un DDP no puede ser funcional sin responder a esta pregunta:

   - **Indicadores de desempeño (KPI):** específicos por función.
   - **Controles asociados:** mecanismos o formatos que aseguran calidad y cumplimiento.
   - **Periodicidad:** cada cuánto se espera que se realice cada función o entregable (diaria, semanal, mensual).
   - **Criterios de cumplimiento:** qué define si algo se hizo bien o no (por ejemplo, «factura entregada sin errores en las primeras 24 h»).

Estos elementos son los que convierten al DDP en una herramienta de evaluación, retroalimentación y mejora continua.

Una descripción de puesto útil no encasilla, sino que orienta, empodera y conecta a la persona con el propósito del negocio. No se trata de limitar a la persona, sino de brindarle claridad.

Cuando cada colaborador conoce sus funciones, entiende sus entregables, sabe cómo será evaluado y con qué herramientas cuenta, puede tomar mejores decisiones, priorizar con autonomía y crecer dentro de la organización.

Funciones, KPI y competencias: el triángulo del desempeño

Un DDP no está completo si solo incluye tareas. Para que sea verdaderamente funcional dentro del MGF, debe conectar tres elementos esenciales: funciones, competencias y KPI. Cuando estos tres componentes están alineados, el desempeño se puede observar, medir y mejorar con claridad.

1. Las funciones no son actividades sueltas
   Las funciones clave deben derivarse del mapa funcional del área y tener un propósito definido dentro del sistema organizacional. Cada función debe responder a:

   - ¿Qué se hace?
   - ¿Para qué se hace?
   - ¿Con qué entregable termina?

   Evita redactar actividades genéricas como «dar seguimiento a clientes». Prefiere: «Contactar y dar seguimiento semanal a clientes activos para asegurar el cumplimiento de condiciones contractuales y documentar cada interacción en el CRM».

   Esto aporta claridad, enfoque en resultados y facilita la evaluación.

2. Los KPI hacen visibles los resultados
   Un puesto funcional debe tener indicadores de desempeño (KPI) que midan el cumplimiento de sus funciones. Estos KPI no deben ser genéricos, sino específicos, accionables y medibles.

   Por ejemplo:

   - Tiempo promedio de respuesta a solicitudes internas.
   - % de cumplimiento en entrega de reportes mensuales.
   - Nivel de satisfacción de clientes internos.
   - Cantidad de errores detectados en entregables claves.

   No es necesario saturar de métricas. Basta con 2 o 3 KPI bien definidos que permitan responder con objetividad: ¿esta persona está cumpliendo su rol?

3. Las competencias definen el «cómo»
   No basta con saber qué se hace y cuánto se logra. También es fundamental identificar cómo se ejecutan las funciones. Aquí es donde entran las competencias: conocimientos, habilidades técnicas, habilidades blandas y habilidades digitales.
   Agrúpalas por tipo:

   - **Técnicas:** manejo de *software*, conocimientos normativos, redacción, análisis de datos, etc.
   - **Blandas:** comunicación, organización, resolución de conflictos, orientación al cliente, etc.
   - **Digitales:** uso de herramientas colaborativas, manejo de bases de datos, automatización, etc.

Cada función clave debería estar respaldada por al menos una competencia que asegure su correcta ejecución.

Cuando funciones, indicadores y competencias están bien alineados, el colaborador sabe exactamente qué debe hacer, cómo hacerlo y cómo se le evaluará. Y eso no solo reduce errores: empodera, motiva y ordena.

En el siguiente capítulo veremos cómo documentar procesos de forma clara, útil y libre de burocracia. Porque una empresa funcional no solo sabe quién hace qué... también sabe cómo se hacen bien las cosas.

Aplicación funcional

Qué recordar:

- Un puesto sin definición es una fuente de errores, desgaste y duplicidad.
- Los Descriptivos de Puesto (DDP) alinean personas con funciones, resultados y cultura.

Revisa en tu empresa:

- ¿Cada persona sabe con claridad qué debe hacer y cómo se le evalúa?
- ¿Los puestos tienen objetivos, KPI y competencias definidos?
- ¿Usas los DDP en la inducción, evaluación o toma de decisiones?

Acciones rápidas:

- Redacta funciones con verbos en infinitivo y enfoque en resultados.
- Relaciona cada función con competencias técnicas y blandas.
- Mantén los DDP actualizados y úsalos como herramientas de gestión.

8. Procesos claros = menos errores

Cuando algo sale mal en la operación de una empresa, lo primero que suele señalarse es a la persona. Pero lo que muchas veces falla no es la persona... es el proceso.

En las pymes es común confundir una rutina con un proceso. Se repiten ciertas tareas una y otra vez, se resuelven los pendientes «como siempre» y se logra avanzar... pero sin claridad, sin estándar y sin garantía de que el resultado será igual la próxima vez. Lo que en apariencia funciona, en el fondo es una apuesta diaria a la memoria, a la disponibilidad del equipo o, simplemente, a la suerte.

Pero un negocio no puede depender de la suerte.

Un proceso bien definido es más que una secuencia de pasos. Es una guía que estandariza cómo se deben hacer las cosas, quién debe hacerlas, con qué criterios y cómo saber si se están haciendo bien. Reduce la dependencia de personas clave, evita errores repetitivos, mejora tiempos y permite que la empresa funcione, aunque alguien se ausente, se incorpore o se equivoque.

Tener procesos claros es una forma de proteger tu operación y profesionalizar tu empresa.

En este capítulo se abordará cómo transformar rutinas informales en procesos documentados que realmente aporten valor. No se trata de llenar carpetas con diagramas complejos ni de burocratizar tu operación. Se trata de aplicar una lógica funcional: documentar lo esencial, involucrar al equipo y asegurar que los procesos realmente funcionen.

Para eso existen herramientas probadas: desde la simbología estándar de ANSI para diagramas de flujo hasta enfoques como

RACI y SIPOC, que hacen visibles roles, entradas y salidas de cada proceso.

Veremos juntos:

- Cómo diferenciar una rutina de un proceso.
- Cuáles procesos documentar primero para lograr impacto inmediato.
- Cómo hacerlo sin complicarte, utilizando herramientas como diagramas de flujo, RACI y SIPOC de forma útil y sencilla.

Porque cada error que se repite es un proceso que no está claro... o que no existe. Y mientras eso siga ocurriendo, la empresa seguirá resolviendo en vez de funcionar.

¿Tienes procesos o solo rutinas repetidas al azar?

Muchas empresas creen tener procesos, pero en realidad solo tienen rutinas. Es decir, hacen lo mismo cada día, pero sin una lógica clara, sin responsables definidos, sin controles establecidos y sin un resultado estandarizado. Operan «como siempre se ha hecho», confiando en la experiencia del equipo o en la memoria de quienes llevan más tiempo. Y aunque eso les permite seguir funcionando, también las vuelve vulnerables al error, a la rotación de personal o al crecimiento sin control.

Una rutina es algo que se repite. Un proceso es algo que está diseñado, probado y estandarizado. El pensamiento Lean nos recuerda que los procesos no deben ser vistos como burocracia, sino como mecanismos para eliminar desperdicios y asegurar que cada paso genera valor real.

La diferencia no está en la frecuencia de ejecución, sino en el grado de intención, claridad y control con el que se realiza.

Documentar un proceso no es un lujo; es una necesidad operativa si se quiere crecer sin depender del «saber hacer» individual. Por eso la ISO 30301 plantea la gestión documental como un requisito clave para garantizar trazabilidad y continuidad: lo que no está escrito no existe de manera operativa.

Veamos la diferencia con algunos ejemplos cotidianos:

Tarea	¿Rutina?	¿Proceso?
Enviar facturas	Cada uno lo hace a su manera. A veces se omiten datos o se entrega tarde.	Existe un formato estándar, se emite en 24 h tras aprobación, se documenta en el sistema y hay responsables definidos.
Recibir mercancía	Se recibe cuando llega. A veces se revisa, a veces no.	Hay un procedimiento que incluye inspección, registro en sistema, firma de recepción y reporte de incidencias.
Contratar personal	Se publica una vacante y se elige «al que parezca mejor».	El proceso incluye validación del perfil, filtros definidos, entrevistas estructuradas y criterios de selección.

Las rutinas viven en la costumbre. Los procesos viven en la estructura.

Cuando las rutinas no se formalizan, cada colaborador las interpreta a su manera. Lo que hoy sale bien, mañana puede fallar si cambia quien lo ejecuta. Es ahí donde nacen los errores operativos, los reprocesos, las quejas de clientes o los conflictos internos por tareas mal hechas o sin seguimiento.

Por el contrario, cuando una empresa opera con procesos definidos:

- Todos saben qué se hace, cómo se hace y por qué se hace así.
- Los errores se reducen, porque hay una forma estándar y conocida de actuar.
- La capacitación se vuelve más fácil, porque hay un método que enseñar.

- La evaluación es más objetiva, porque hay criterios y entregables claros.

Además, los procesos no limitan. Al contrario: liberan. Porque cuando se tiene claridad sobre cómo se hacen las cosas, se puede mejorar sobre una base sólida, no sobre intuiciones cambiantes.

En esta etapa del MGF, el objetivo no es que todos los procesos estén perfectos o documentados con lujo de detalle. El objetivo es empezar a verlos como piezas clave del sistema funcional. Porque lo que no se define, se improvisa. Y lo que se improvisa... tarde o temprano falla.

¿Tienes procesos o solo rutinas repetidas al azar? La respuesta honesta a esta pregunta puede marcar el inicio de una transformación operativa profunda.

¿Qué procesos documentar primero y cómo hacerlo sin enredarte?

Uno de los errores más comunes al hablar de procesos es pensar que deben documentarse todos de inmediato. Eso solo lleva al agobio, la parálisis o a crear manuales que nadie consulta. La clave no está en documentar más, sino en documentar lo que más duele o más impacto tiene.

Por eso, en el MGF se propone un enfoque estratégico y funcional: empezar por lo que representa un cuello de botella, una fuente de errores constantes o un punto crítico para el cliente.

¿Qué procesos debes documentar primero? Comienza por aquellos que cumplan una o varias de estas condiciones:

Criterio	Ejemplos de procesos comunes
Se repite frecuentemente	Facturación, compras, nómina, cotizaciones
Involucra a varios equipos	Alta de clientes, servicio postventa, proyectos
Genera errores recurrentes	Control de inventario, pagos a proveedores
Tiene impacto directo en el cliente	Atención de quejas, entregas, soporte técnico
Es clave para el ingreso o flujo de dinero	Ventas, cobranza, gestión de contratos
Requiere cumplimiento normativo o fiscal	Declaraciones, inspecciones, licencias

Empieza por esos tres a cinco procesos que más afectan tu operación, tu rentabilidad o tu reputación. Esos son tus procesos críticos. Si mejoras ahí, verás resultados más rápido.

¿Y cómo documentarlos sin enredarte? No necesitas hacer manuales de 40 páginas ni ser experto en ISO. Solo sigue este enfoque en cinco pasos:

Paso 1: define el propósito del proceso

¿Qué busca lograr este proceso? ¿Para qué existe? Ejemplo: Emitir facturas de manera oportuna, con datos correctos y conforme a normativas fiscales.

Paso 2: identifica el inicio y el final del proceso

¿Dónde empieza y dónde termina? Esto te ayuda a delimitarlo. Ejemplo: Inicia cuando el servicio es validado por el área operativa. Termina cuando se entrega la factura y se registra en el sistema contable.

Paso 3: lista los pasos principales, sin adornos

Piensa en acciones, no en intenciones.

Ejemplo:

1. Revisar datos del cliente y servicio.
2. Elaborar factura con herramienta oficial.
3. Validar con responsable.
4. Enviar al cliente y registrar entrega.

Paso 4: asigna responsables y controles

¿Quién se encarga de cada paso? ¿Qué lo valida?

Ejemplo:

- Paso 2: Elaborar factura → Responsable: Auxiliar administrativo.
- Control: Uso de plantilla fiscal homologada.

Paso 5: determina la periodicidad y los indicadores

¿Cada cuánto se hace? ¿Cómo sabrás si funciona?

Ejemplo:

- Periodicidad: diaria.
- Indicador: % de facturas entregadas en menos de 24 horas.

Este método funciona porque es claro, accionable y replicable. Puedes hacerlo en una hoja de cálculo, en una plantilla simple o incluso dibujarlo con tu equipo. Lo importante es que el proceso quede definido, compartido y aplicado.

¿Qué pasa si no documentas nada? Los procesos siguen ocurriendo... pero sin orden, sin lógica común y sin posibilidad real de mejora. Es como tener un restaurante donde cada cocinero prepara el platillo estrella «a su manera»: puede salir bien hoy, pero mal mañana. Y eso, en una empresa, tiene costo.

Documentar es decidir cómo quieres que se hagan las cosas. No para controlar, sino para asegurar consistencia, calidad y mejora.

Empieza pequeño, pero con impacto. Tres procesos críticos bien definidos valen más que veinte mal documentados.

Ahora veremos cómo representar visualmente estos procesos con herramientas prácticas como diagramas de flujo, matrices RACI y el modelo SIPOC. Así podrás ver el mapa completo de cada proceso... y no solo su lista de pasos.

Ejemplos prácticos con flujos, RACI y SIPOC

Documentar un proceso no termina con escribir los pasos. Lo que realmente le da vida y funcionalidad a un proceso es visualizarlo, asignarle responsables claros y entender su contexto dentro del sistema operativo. Para eso, el MGF propone tres herramientas clave: diagramas de flujo, matrices RACI y el modelo SIPOC.

Cada una sirve para algo distinto, pero juntas te ayudan a construir procesos que no solo se entienden... se ejecutan con lógica.

Diagrama de flujo: ver el camino completo

Un diagrama de flujo es una representación gráfica del paso a paso de un proceso. Muestra cómo fluye una actividad, quién interviene y en qué orden ocurren los eventos. Es especialmente útil para identificar redundancias, errores recurrentes o cuellos de botella.

Para construir un buen diagrama, utilizamos la simbología estándar ANSI (American National Standards Institute). Esta simbología permite representar cada etapa del proceso con una figura distinta, según su función. Aquí algunas de las más comunes:

Símbolo	**Nombre**	**Descripción**
	Inicio o fin	Indica el punto de partida o término del proceso. Suele contener «Inicio» o «Fin».
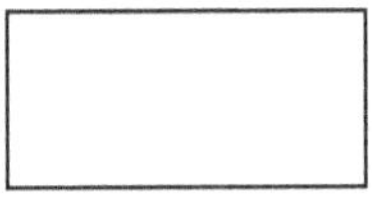	Proceso	Representa una acción, tarea o función dentro del proceso. Es el más común.
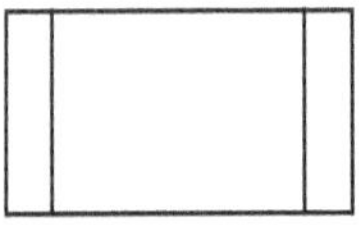	Subproceso	Indica un conjunto de acciones agrupadas que pueden detallarse en otro diagrama.
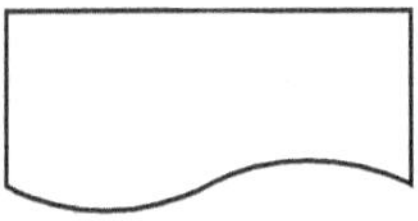	Documento	Entrada o salida de un archivo o reporte físico o digital.
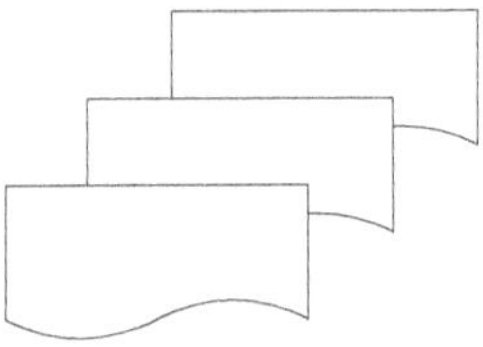	Documentos múltiples	Señala que el proceso involucra varios documentos simultáneos.
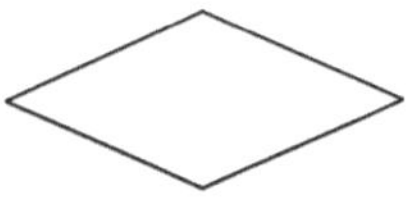	Decisión	Plantea una pregunta que bifurca el flujo según una respuesta (Sí/No, verdadero/falso).

Símbolo	Nombre	Descripción
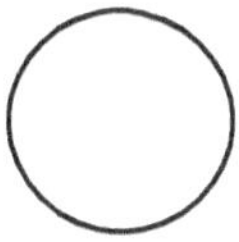	Conector	Sirve para unir diferentes partes del diagrama en una misma hoja.
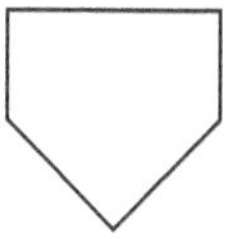	Enlace fuera de página	Une elementos en páginas distintas de un mismo flujo.
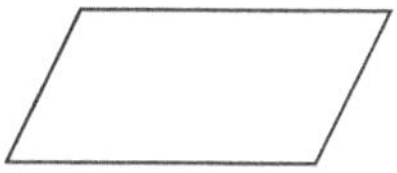	Entrada/ salida	Indica un punto de entrada o salida de información, insumos o resultados.
	Comentario	Agrega notas o aclaraciones útiles dentro del flujo.
	Línea de flujo	Flechas que conectan los pasos y definen la dirección del proceso.

Este conjunto de símbolos te permitirá representar visualmente cualquier proceso de manera clara y profesional. Ahora que conoces la simbología, veamos cómo aplicarla con lógica operativa en un proceso real.

Ejemplo funcional: Proceso de autorización de compra

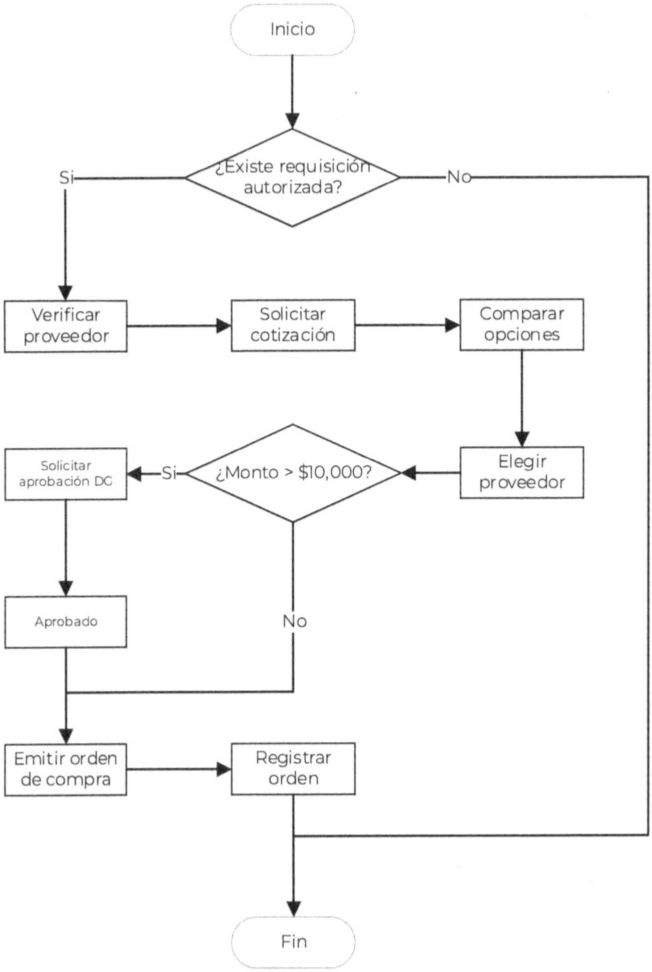

Consejo: No uses diagramas para todo. Solo para procesos que tengan decisiones clave, secuencias críticas o muchos involucrados.

Matriz RACI: claridad en la responsabilidad

Una matriz RACI sirve para definir quién hace qué en cada paso. Evita frases como «yo pensé que tú lo hacías» y ayuda a distribuir responsabilidades de forma lógica y transparente.

RACI significa:

R (Responsable): Quién ejecuta.

A (Aprobador): Quién aprueba o es dueño del proceso.

C (Consultado): Quién debe ser consultado antes o durante.

I (Informado): Quién debe ser informado del resultado.

Ejemplo funcional: Proceso de contratación de personal

Actividad	**RH**	**Jefe de área**	**Dirección**	**Finanzas**
Validar necesidad de puesto	C	R	I/A	I
Publicar vacante	R/A	I		
Realizar entrevistas	R/A	C		
Selección final	R	C	A	
Validar salario y presupuesto	C	I	A	C
Emisión de contrato	R	I	A	I
Inducción del personal	R	C	I	

Consejo: Usa la matriz RACI como herramienta de *onboarding*. Ayuda a nuevos integrantes a entender su rol desde el día uno.

SIPOC: el mapa rápido y completo

El modelo SIPOC es una visión macro del proceso. Ideal cuando se quiere entender cómo se conecta un proceso con su entorno. Es una herramienta simple, pero poderosa.

SIPOC significa:

S (Proveedores): ¿Quién provee la entrada?

I (Entradas): ¿Qué se necesita para iniciar?

P (Proceso): ¿Qué pasos clave se realizan?

O (Salidas): ¿Qué se entrega al final?

C (Clientes): ¿Quién recibe el resultado?

Ejemplo funcional: Proceso de facturación de servicios

Elemento	Contenido
S	Área de operaciones/cliente
I	Validación del servicio entregado/datos fiscales del cliente
P	1. Revisión del servicio 2. Generación de factura 3. Envío
O	Factura en formato PDF y XML
C	Cliente/contabilidad/SAT

Consejo: El SIPOC funciona bien para definir procesos nuevos o validar si los actuales siguen teniendo sentido.

Elige la herramienta correcta según tu necesidad

Situación	Herramienta ideal
Quieres entender todo el panorama	SIPOC
Necesitas explicar un proceso paso a paso	Diagrama de flujo
Debes aclarar roles y responsabilidades	Matriz RACI

Estas herramientas no son excluyentes. Puedes usar una o combinar dos, según la madurez del proceso y lo que quieras resolver. Lo importante es que el proceso no viva en la cabeza de alguien, sino en una herramienta que permita replicarlo, evaluarlo y mejorarlo.

Aplicación funcional

Qué recordar:

- Las rutinas improvisadas se rompen. Los procesos diseñados resisten.
- Un proceso bien documentado protege, estandariza y permite crecer con control.

Revisa en tu empresa:

- ¿Las actividades clave tienen pasos definidos, responsables y controles?
- ¿Los errores se repiten por falta de procesos o por falta de claridad?
- ¿Tienes documentado al menos un proceso por área funcional?

Acciones rápidas:

- Distingue tus rutinas de tus verdaderos procesos.
- Documenta primero los procesos críticos: donde más fallas o más impacto hay.
- Usa diagramas de flujo, matriz RACI, o SIPOC.
- Evalúa con indicadores básicos de cumplimiento, tiempos y calidad.

9. Las reglas del juego deben estar por escrito

Hay decisiones que no deberían depender del estado de ánimo del jefe, de la cercanía con un colaborador o de lo que «se ha hecho siempre». En una empresa funcional, las reglas no se improvisan: se escriben, se comparten y se aplican con coherencia.

Las políticas internas no son un trámite. Son una forma de cuidar la operación, de proteger las relaciones y de evitar conflictos antes de que ocurran. No es casualidad que la Ley Federal del Trabajo (LFT) obligue a contar con normas claras en aspectos como horarios, descansos o sanciones: cuando las reglas están por escrito, se protegen tanto la empresa como los colaboradores. Cuando las reglas están claras, el equipo sabe a qué atenerse, las decisiones son más justas y el liderazgo se fortalece.

En muchas pymes, lo que falta no es capacidad, ni talento, ni compromiso. Lo que falta es criterio compartido. Y ese criterio no se transmite con suposiciones: se construye y se documenta.

Una política bien diseñada no solo evita problemas. También ahorra tiempo, evita malentendidos y refuerza la cultura organizacional. Deja de ser necesario explicar lo mismo una y otra vez. Ya no se discute cada caso desde cero. Se actúa con base en acuerdos previos, definidos de forma clara y justa.

Las reglas del juego no se tratan de imponer autoridad, sino de crear condiciones para que todos trabajen con certeza, equidad y orden. Así como una cancha necesita líneas, una empresa necesita límites funcionales que permitan jugar… sin que nadie rompa el esquema.

En este capítulo abordaremos por qué las políticas internas son uno de los pilares más ignorados —y al mismo tiempo más transformadores— para cualquier empresa que busca crecer con estructura.

Porque una empresa sin políticas no está siendo flexible. Está siendo vulnerable.

Políticas internas: cómo evitar decisiones por impulso o favoritismo

Las políticas internas son más que un conjunto de reglas. Son herramientas de gestión que permiten tomar decisiones objetivas, coherentes y alineadas con los valores de la empresa. En un entorno sin políticas, las decisiones se vuelven emocionales, desiguales o improvisadas. Lo que se tolera hoy se sanciona mañana. Lo que se premió en un caso se rechaza en otro. El criterio cambia según quién pregunta… o quién responde.

Y cuando eso pasa, aparece el peor enemigo del clima laboral: el favoritismo percibido. Aunque no sea intencional, cuando las reglas no están claras, el equipo empieza a creer que hay «consentidos», «reglas ocultas» o «decisiones a conveniencia». La confianza se debilita, la motivación baja y la cultura organizacional se vuelve frágil.

Implementar políticas claras y bien comunicadas te permite:

- Tomar decisiones con base en criterios formales, no en emociones.
- Prevenir conflictos y reducir reclamos.
- Proteger a la empresa ante auditorías, inspecciones o demandas.

- Fortalecer el liderazgo, al respaldarlo con normas visibles y coherentes.
- Generar certeza para el equipo: todos saben qué se espera, qué se permite y qué no.

Pero para que una política funcione, debe ser comprensible, aplicable y realista. De nada sirve redactar políticas copiadas de internet, llenas de tecnicismos o ajenas al contexto de tu empresa. Lo importante es que estén diseñadas desde tu operación real, con lenguaje claro, y que respondan a situaciones que ya ocurren o podrían ocurrir.

Una política bien hecha:

- Se construye con base en la experiencia y necesidades reales.
- Establece qué se permite, qué se prohíbe y qué consecuencias existen.
- Incluye responsables, fechas de revisión y canales de comunicación.

En empresas que buscan certificaciones de calidad como la ISO 9001, estas políticas son el esqueleto que asegura consistencia, continuidad y mejora en cada decisión.

Tener políticas no significa burocratizar. Significa profesionalizar. Y hacerlo bien es un acto de liderazgo, no de control. Es proteger a tu empresa sin perder humanidad.

Porque si en tu empresa se repiten los malentendidos, si hay decisiones que se contradicen o si cada líder aplica sus propias reglas... entonces no necesitas ser más estricto. Necesitas reglas claras.

Y eso empieza aquí.

¿Cómo redactar políticas internas que sí se apliquen?

Redactar una política parece un trámite: se copia de internet, se imprime y se guarda. Nadie la lee. Nadie la usa. Nadie sabe que existe. Así, las políticas se vuelven adornos… no herramientas.

Pero una política bien hecha no es un documento más. Es una forma concreta de alinear comportamientos, prevenir errores y evitar conflictos. Sirve para establecer qué se espera, cómo actuar ante situaciones comunes y qué consecuencias habrá si se rompe el acuerdo.

Entonces, ¿cómo redactar políticas internas que realmente funcionen? Aquí va una guía práctica y funcional.

Paso 1: elige un tema real

No empieces por lo teórico. Pregúntate:

- ¿Qué situaciones se repiten con dudas, errores o malentendidos?
- ¿Dónde se toman decisiones sin criterio claro?
- ¿Qué conflictos podrías prevenir si todos supieran cómo actuar?

Ejemplos: Llegadas tarde, permisos, vacaciones, uso de vehículos, manejo de caja chica, comunicación por WhatsApp, uso de equipos, entrega de informes, reembolsos, capacitaciones, etc.

Paso 2: define el propósito de la política

Toda política debe responder a una necesidad concreta. Antes de redactar, escribe en una línea:

«Esta política existe para...».

Ejemplo: «Esta política existe para regular el uso adecuado del vehículo de la empresa y evitar abusos, malentendidos o riesgos innecesarios.»

Paso 3: usa estructura simple y lenguaje claro

No necesitas un formato legal ni palabras rebuscadas. Basta con una estructura lógica y entendible. Aquí un esquema básico:

1. **Nombre de la política:** breve y directo.
2. **Objetivo:** para qué existe.
3. **Alcance:** a quién aplica.
4. **Normas específicas:** qué se permite, qué se prohíbe, qué se espera.
5. **Responsables:** quién controla, aprueba, revisa.
6. **Consecuencias:** qué pasa si no se cumple.
7. **Vigencia:** desde cuándo aplica, cada cuánto se revisa.

Paso 4: comunica antes de imponer

Una política sin comunicación se vuelve letra muerta. No basta con subirla a la nube (Google Drive, OneDrive, SharePoint). Haz una reunión breve, explica el porqué, escucha dudas y asegúrate de que el equipo la entienda y sepa dónde consultarla. Al igual que en la práctica de Lean Thinking, la clave está en simplificar y hacer visibles las reglas donde realmente se usan, no en esconderlas en un documento olvidado. La claridad se gana en la conversación, no solo en el documento.

Paso 5: respalda con formato o evidencia

Si la política implica solicitudes, reportes, entregas, sanciones o registros... crea un formato simple que lo respalde. Así tendrás trazabilidad y podrás aplicar la política con evidencia.

Paso 6: evalúa y ajusta

Toda política debe revisarse en la práctica. Después de 3 o 6 meses:

- ¿Se está aplicando?
- ¿Genera claridad o confusión?
- ¿Cumple con su propósito?

Si es necesario, ajústala. Mejor corregir temprano que mantener una política que nadie respeta.

Una política útil no existe para controlar, sino para dar certeza. Una empresa que redacta y aplica políticas funcionales no solo evita problemas, también construye confianza, refuerza su cultura y sienta bases firmes para crecer con orden.

¿Qué pasa si no las tienes (y cómo implementarlas sin resistencia)?

Muchas empresas operan durante años sin políticas internas claras. Lo resuelven «sobre la marcha», deciden «caso por caso», y aunque esto puede funcionar al inicio, tarde o temprano genera consecuencias.

¿Qué pasa cuando no hay políticas internas?

Las decisiones son subjetivas. Lo que hoy se permite mañana se prohíbe. Todo depende de quién lo solicite o de qué tan «urgente» parezca la situación.

Se abren puertas a favoritismos y conflictos. Un permiso aprobado a uno, pero negado a otro. Un castigo en un caso, pero tolerancia en otro. Esto mina la confianza y el clima laboral.

El equipo actúa por intuición, no por criterio. Cada uno interpreta a su modo. Lo que no está claro se malentiende. Y lo que se malentiende, se mal ejecuta.

La empresa se expone a riesgos legales o financieros. Sin reglas escritas, es difícil demostrar incumplimientos. Y cuando llegan auditorías, reclamos laborales o errores repetidos... no hay cómo justificar las acciones tomadas. Esto no es teoría: la misma LFT establece que, en caso de conflicto, lo que vale es lo que está documentado y firmado, no lo que «se dijo» de palabra.

Entonces, ¿cómo implementar políticas sin generar resistencia?

Aquí va una hoja de ruta sencilla y funcional:

✓ Empieza por lo más urgente y cotidiano

No se trata de crear veinte políticas de golpe. Comienza por las más necesarias: asistencia, permisos, uso de recursos, reembolsos, comportamiento.

✓ Redáctalas con lógica operativa, no con lenguaje legalista

Usa términos que todos comprendan. Redáctalas como si se las explicaras a un nuevo integrante del equipo. Entre más claras, más aplicables.

✓ Involucra a tu equipo

Antes de imponer, pregunta. Escucha sus puntos de vista. Cuando las personas sienten que fueron parte del proceso, su nivel de compromiso aumenta.

✓ Entrégalas, explícalas y acompaña su aplicación

Haz una sesión breve por cada política. Usa ejemplos reales, aclara dudas y muestra que no se trata de controlar... sino de facilitar el trabajo.

✓ Da seguimiento y aplica con coherencia

Una política que se aplica solo a veces, o solo a algunos, pierde su fuerza. La clave es la constancia y la justicia en su implementación.

Las políticas no son un castigo, son una guía. No son un límite, son un marco. No son un trámite, son una herramienta.

Cuando están bien hechas, las políticas no generan miedo, generan orden. Y cuando se aplican con lógica y coherencia, construyen una cultura de respeto, claridad y profesionalismo.

Porque una empresa funcional no solo trabaja... trabaja bien. Y eso solo es posible cuando todos saben qué se espera, qué se permite y cómo se juega.

Aplicación funcional

Qué recordar:

- Una empresa sin políticas no es más libre, es más vulnerable.
- Las reglas claras evitan favoritismos, conflictos y decisiones injustas.
- Las políticas no deben ser adornos. Deben servir, usarse y revisarse.

Revisa en tu empresa:

- ¿Tus decisiones se toman con base en criterios... o en intuición?
- ¿Hay temas que se discuten una y otra vez por falta de reglas claras?
- ¿Tu equipo sabe qué se espera y qué consecuencias hay si no se cumple?

Acciones rápidas:

- Identifica tres situaciones críticas sin reglas claras.
- Redacta políticas breves, claras y aplicables. Sin tecnicismos.
- Comunícalas con el equipo antes de implementarlas.

10. Normatividad y protección legal

Una empresa puede tener procesos eficientes, equipos bien estructurados y una cultura inspiradora, pero si no cuenta con un marco normativo que respalde legalmente su operación, está dejando una puerta abierta al riesgo.

Ese marco incluye tanto la normatividad interna —reglamentos, códigos y protocolos propios— como la normatividad externa: leyes fiscales, laborales, comerciales y sectoriales que aplican según el giro del negocio. En otras palabras, la empresa no solo necesita reglas internas claras, sino también alinearse al marco jurídico externo que regula su operación.

La normatividad interna establece qué se debe cumplir dentro de la organización, mientras que la externa fija los límites y obligaciones que permiten operar con legitimidad frente a clientes, proveedores, autoridades y la sociedad.

Este capítulo no trata de volver la operación más rígida ni de llenar a la empresa de reglas innecesarias. Trata de establecer los fundamentos jurídicos mínimos para cuidar lo más importante: las personas, el orden y el futuro del negocio.

Así como las políticas internas definen cómo se actúa, la normatividad define qué se debe cumplir y bajo qué marco legal y ético se debe operar. Es la columna vertebral que protege a la empresa frente a conflictos laborales, incumplimientos operativos, auditorías externas y crisis internas. Pero también es una herramienta poderosa para construir confianza: entre socios, con el equipo y frente a terceros.

¿Qué es la normatividad interna?

Es el conjunto de normas, principios y protocolos formales que rigen la conducta y las relaciones dentro de una empresa. Incluye desde el Reglamento Interno de Trabajo (RIT) hasta códigos éticos, protocolos de actuación y lineamientos adaptados a la operación real del negocio.

Pero la normatividad interna no puede existir aislada: debe estar alineada con la normatividad externa (leyes, normas y regulaciones fiscales, laborales, comerciales, de seguridad, ambientales, etc.) para tener validez y proteger de verdad a la empresa.

Por ejemplo, un RIT debe apegarse a la LFT; una política de datos debe respetar la Ley Federal de Protección de Datos Personales (LFPDPPP); y un procedimiento fiscal debe cumplir con el Impuesto Sobre la Renta (ISR), el Impuesto al Valor Agregado (IVA) o el Código Fiscal de la Federación (CFF).

¿Por qué este pilar es clave en el MGF?

Una empresa funcional no solo tiene roles definidos, procesos claros y políticas vivas. También respalda su operación con un marco normativo sólido que combina lo interno (reglamentos, códigos, protocolos) y lo externo (leyes y normas oficiales aplicables). Este pilar garantiza que las reglas estén alineadas a la ley y a los valores de la organización, y que puedan sostenerse ante cualquier eventualidad: desde un conflicto laboral hasta una auditoría fiscal o de seguridad.

Incorporar este tipo de normativas también permite:

- Formalizar la relación con los colaboradores.
- Prevenir conflictos laborales con reglas claras.

- Actuar con base en evidencia ante sanciones o decisiones difíciles.
- Cumplir con requisitos de inspecciones de trabajo, auditorías, o certificaciones.
- Demostrar profesionalismo y transparencia ante aliados, clientes e inversionistas.

¿Qué incluye este pilar en su aplicación funcional?

Los elementos más importantes que componen la normatividad dentro del MGF son:

- Un RIT vigente, claro y firmado por los colaboradores.
- Un Código de Ética y Conducta que delimite principios, expectativas y consecuencias.
- Protocolos laborales para temas sensibles como acoso, seguridad, protección de datos, equidad, entre otros.
- La validación legal de estos documentos y su comunicación formal al equipo.
- Mecanismos de seguimiento, firma, actualización y resguardo.

Este conjunto no solo protege, también profesionaliza. Porque cuando una pyme opera con reglas claras —y esas reglas tienen valor legal—, el margen de ambigüedad se reduce y la toma de decisiones se fortalece.

En los próximos apartados se abordarán con mayor detalle dos documentos fundamentales para lograrlo: el Reglamento Interno de Trabajo y el Código de Ética y Conducta, pilares indispensables de una cultura organizacional bien protegida.

Reglamento Interno de Trabajo (RIT)

El RIT es uno de los documentos más importantes —y más ignorados— en muchas pequeñas y medianas empresas. No se trata de un documento opcional ni decorativo: es un instrumento legal obligatorio que regula las condiciones laborales, establece derechos y obligaciones para empleadores y colaboradores, y permite actuar con base en reglas claras ante cualquier situación laboral.

¿Qué es el RIT y por qué es clave en una pyme?

Es un documento normativo avalado por la Ley Federal del Trabajo (LFT), que define las condiciones bajo las cuales se desarrolla el trabajo dentro de una empresa. No sustituye al contrato individual, pero lo complementa, proporcionando un marco colectivo que aplica para todos los colaboradores.

Un RIT bien elaborado previene conflictos, da certeza sobre derechos y obligaciones, respalda decisiones disciplinarias con base legal y protege a la empresa en inspecciones o litigios. Pero, sobre todo, genera confianza: todos saben qué se espera, qué se permite y cómo convivir con reglas claras y justas.

¿Qué debe contener un buen RIT?

Según la LFT, todo RIT debe abordar al menos los siguientes puntos:

- Horarios de entrada y salida, tiempos de descanso y horas extra.
- Días de descanso, vacaciones, permisos y licencias.
- Políticas de asistencia y puntualidad.
- Conductas prohibidas o inaceptables.

- Medidas disciplinarias y procedimiento para aplicarlas.
- Obligaciones y derechos tanto del empleador como del trabajador.
- Condiciones de seguridad e higiene.
- Procedimientos para reportar y atender faltas.

Pero más allá de cumplir con la ley, el RIT también debe reflejar la cultura, el tamaño y el estilo de gestión de tu empresa. Es decir, debe ser tan formal como necesario, pero también tan claro como funcional.

¿Cómo hacerlo útil y no intimidante?

Muchas empresas no implementan su RIT porque lo ven como algo complejo o distante. Pero con una buena redacción, lenguaje claro y acompañamiento interno, puede convertirse en una herramienta poderosa y viva.

Para lograrlo:

- Usa lenguaje accesible, sin tecnicismos innecesarios.
- Evita copiar formatos genéricos que no reflejen tu operación real.
- Asegúrate de que todas las personas lo conozcan, lo firmen y puedan consultarlo.
- Involucra a líderes de área o capital humano en su difusión y aplicación.
- Actualízalo al menos cada dos años o cuando cambie significativamente la dinámica laboral.

¿Y si no tienes uno?

Si tu empresa no cuenta con un RIT, estás operando en desventaja legal. Las decisiones disciplinarias pueden ser impugnadas, los compromisos laborales pueden volverse ambiguos y, ante una inspección de la Secretaría del Trabajo, podrías enfrentarte a sanciones o requerimientos inmediatos.

Implementar un RIT es una de las acciones más rentables y estratégicas para cualquier empresa que quiera orden, protección y claridad laboral. Y forma parte del corazón legal del MGF.

En el siguiente apartado abordaremos el segundo documento clave para blindar tu cultura: el Código de Ética y Conducta, que actúa como brújula moral y marco de convivencia dentro de tu organización.

Código de ética y conducta

Más allá de lo que una empresa hace, existe otra dimensión que marca la diferencia: cómo lo hace. Y es justo en ese «cómo» donde el Código de Ética y Conducta se vuelve esencial.

Este documento no solo complementa la normatividad interna, sino que se convierte en una guía moral y cultural para todas las decisiones, acciones y relaciones dentro de la empresa.

¿Qué es un código de ética y por qué lo necesitas?

Es un documento institucional que define los valores, principios y comportamientos esperados de todas las personas que forman parte de la organización. Establece un estándar de integridad, convivencia y toma de decisiones que va más allá de lo legal: busca lo correcto.

Un buen código de ética sirve para:

- ✓ Construir confianza interna y externa.
- ✓ Guiar la conducta de colaboradores ante dilemas cotidianos.

- ✓ Prevenir conflictos, faltas éticas y ambientes tóxicos.
- ✓ Proteger la reputación y coherencia de la empresa.
- ✓ Respaldar la cultura organizacional con reglas claras.

El código dice quién eres y cómo te comportas, incluso cuando nadie te está viendo.

Diferencias clave con el RIT

Aunque a veces se confunden, el RIT y el código de ética tienen enfoques distintos:

RIT	**Código de ética**
Legalmente obligatorio (según LFT).	Voluntario, pero altamente recomendable.
Regula condiciones laborales (horarios, sanciones, descansos).	Define principios, valores y comportamientos esperados.
Tiene implicaciones legales directas.	Tiene implicaciones culturales y reputacionales.
Está centrado en la relación empleado-empresa.	Aplica a todas las relaciones: internas, externas, clientes, proveedores.

Ambos documentos se complementan: el RIT establece lo legal, el código lo ético. Juntos, forman un marco normativo integral que, además de cumplir con la LFT, proyecta confianza frente a inversionistas y aliados, siguiendo la lógica que autores como Porter resaltan: la competitividad no solo depende de procesos, también de credibilidad y cumplimiento normativo.

¿Qué debe incluir tu código?

Aunque el contenido puede adaptarse a la cultura de cada empresa, un código de ética funcional debe contemplar al menos los siguientes elementos:

1. Propósito del documento y su alcance.
2. Principios y valores clave de la empresa.
3. Lineamientos sobre:
    a. Conducta profesional y relaciones laborales.
    b. Conflictos de interés.
    c. Uso de recursos de la empresa.
    d. Respeto a la diversidad y no discriminación.
    e. Honestidad, confidencialidad y transparencia.
    f. Protocolo ante faltas éticas.
4. Compromisos del colaborador.
5. Firma de conocimiento y aceptación.

¿Cómo hacerlo parte de la cultura?

Un código de ética no sirve si solo se firma y se archiva. Debe vivirse. Para lograrlo:

- Entrégalo en la inducción de personal.
- Refuérzalo en capacitaciones y juntas.
- Usa ejemplos reales para explicar su aplicación.
- Reconoce conductas alineadas al código.
- Aplica consecuencias claras a quienes lo incumplen.
- Mide periódicamente su cumplimiento y actualízalo si es necesario.

Implementar y vivir un código de ética no solo te da orden: te da identidad. Porque una pyme con principios firmes es una empresa con rumbo, credibilidad y valor social.

Aplicación funcional

Qué recordar:

- No basta con tener procesos y estructura; sin reglas legales claras, estás expuesto.
- El RIT y el código de ética no son decorativos: son tu escudo legal y cultural.
- La normatividad no es rigidez, es orden con respaldo.

Revisa en tu empresa:

- ¿Tienes un reglamento interno de trabajo vigente y firmado por el equipo?
- ¿Tu código de ética guía decisiones y conductas reales?
- ¿Existen protocolos claros para situaciones sensibles (acoso, seguridad, datos, etc.)?

Acciones rápidas:

- Diagnostica si tus reglas actuales existen... o solo se asumen.
- Diseña o actualiza tu RIT y código de ética con lenguaje claro y aplicación real.
- Comunícalos, involucra al equipo y asegúrate de que se firmen y consulten.

11. El manual que todo negocio necesita

En toda empresa funcional llega un momento en que la estructura, los procesos, las políticas y la normatividad ya no pueden vivir en la mente de unos cuantos. Necesitan una casa común. Un documento guía. Una herramienta que concentre la esencia operativa de la organización: su manual organizacional.

Un manual no es un archivo decorativo ni un requisito de auditoría. Es una pieza clave para consolidar y estandarizar todo lo que el MGF ha construido: filosofía, estructura, funciones, procesos, políticas, normativas y gestión documental.

Tener un manual organizacional es como tener el plano maestro de tu empresa. Permite que cualquier persona —desde un nuevo colaborador hasta un auditor externo— pueda entender cómo funciona tu negocio sin tener que adivinarlo.

¿Por qué toda empresa necesita uno?

Porque, conforme crece el equipo, los productos o servicios, los clientes y las responsabilidades, también crece el riesgo de desorden. Y lo que antes se resolvía con intuición o experiencia ahora debe resolverse con documentos claros, accesibles y alineados.

El manual organizacional es la columna vertebral documental de la empresa. Le da forma a lo que ya haces bien y permite escalarlo sin perder calidad. Tal como explican Robbins y Coulter en sus principios de administración, la capacidad de crecer sin perder el control depende de traducir la estrategia en procedimientos claros y compartidos, algo que un manual bien diseñado facilita de manera natural.

Con este, logras:

- Reducir la dependencia de personas clave.

Si alguien se va, no se va el conocimiento con él.

- Alinear a todos bajo una misma lógica de trabajo.

No hay una «forma distinta» por área. Hay un estándar compartido.

- Facilitar la inducción y la capacitación.

Los nuevos ingresos pueden integrarse más rápido y con mayor claridad.

- Demostrar profesionalismo ante clientes, proveedores o entes reguladores.

Un manual bien armado proyecta seriedad, control y estructura.

- Respaldar decisiones internas.

Cuando una política o proceso está escrito, no se discute por percepción, se consulta por evidencia.

El gran error es pensar que el manual es para «empresas grandes» o para «cuando haya más tiempo». La realidad es que las empresas que mejor funcionan son las que documentan desde temprano, con orden y visión de largo plazo.

Este capítulo te mostrará cómo integrar todo lo que has construido hasta ahora en un solo documento funcional. Un documento vivo, útil y accesible. Un manual que no se guarda en un cajón… sino que acompaña el día a día.

¿Vamos al siguiente punto? El primer paso será distinguir entre un verdadero manual organizacional… y solo una carpeta llena de archivos inconexos.

¿Manual organizacional o solo carpetas dispersas?

En muchas empresas, cuando se pregunta por el «manual organizacional», lo que aparece es una carpeta con documentos sueltos, formatos sin contexto o archivos viejos con nombres como versión_final_4.5_corregida_definitiva. Eso no es un manual. Es solo evidencia de que hay información… pero no hay integración.

Un verdadero manual organizacional no es una suma de documentos aislados. Es un sistema de orden. Una guía que da coherencia, contexto y continuidad a todo lo que hace funcionar la empresa. Es el documento maestro que conecta la estrategia con la operación.

¿Qué diferencia a un manual funcional de una carpeta dispersa?

Elemento	Carpeta dispersa	Manual organizacional funcional
Propósito	Almacenar documentos	Guiar y alinear el funcionamiento de la empresa
Estructura	Sin orden definido	Índice temático y navegación lógica

Actualización	Documentos desfasados o duplicados	Control de versiones y responsables designados
Accesibilidad	Archivos sin jerarquía ni referencias cruzadas	Documento centralizado y fácil de consultar
Uso real	Solo lo conoce quien lo creó	Herramienta activa para inducción y gestión

Un manual útil no solo responde a «qué se hace», sino también a «cómo se hace», «quién lo hace», «con qué documentos» y «bajo qué criterios».

Para lograr eso, debe ser vivo y funcional: se consulta, se actualiza, se refuerza y se integra al trabajo cotidiano. Debe poder acompañar al nuevo colaborador desde su primer día, al líder en una decisión difícil y al auditor en una revisión formal.

¿Cómo saber si tu empresa tiene un manual o solo documentos sueltos?

Hazte estas preguntas clave:

- ¿Existe un documento que concentre de forma ordenada la filosofía, estructura, procesos, políticas y normas internas?
- ¿Cuenta con portada, índice, versiones, fechas y responsables de actualización?
- ¿Está disponible para consulta por parte del personal y se usa en la práctica?
- ¿Puede una persona nueva comprender cómo funciona la empresa a partir de ese manual?
- ¿El contenido se alinea con los pilares del MGF?

Si la mayoría de tus respuestas son negativas, lo que tienes es una colección de documentos... pero aún no un manual.

La buena noticia: ya tienes los elementos para construirlo. Ahora aprenderás cómo integrar todo lo anterior en un solo documento funcional y convertir tus avances en una herramienta de gestión poderosa y coherente.

¿Cómo integrar todo lo anterior en un solo documento funcional?

Construir un manual organizacional funcional no es una tarea de edición... es una estrategia de integración. Es el momento en el que los pilares del MGF se ordenan bajo un mismo documento rector, capaz de reflejar cómo funciona realmente tu empresa.

No se trata de inventar formatos nuevos. Se trata de darle unidad y lógica a lo que ya existe.

¿Qué debe contener un manual organizacional funcional? A continuación, se presenta una estructura sugerida, alineada con el MGF, que puedes adaptar a tu realidad:

Portada

- Nombre de la empresa.
- Título del documento: manual organizacional.
- Código, versión, fecha de emisión y responsable de actualización.

Índice estructurado

- Navegación clara, numerada y jerárquica. Puede incluir hipervínculos si el documento es digital.

1. **Introducción**
    - Objetivo del manual.
    - Alcance y aplicación.
    - Base normativa (ej. ISO, LFT, normativas internas).

2. **Filosofía organizacional (Pilar 1)**
    - Misión, visión y valores.

3. **Estructura funcional (Pilar 2)**
    - Organigrama vigente.
    - Niveles jerárquicos.
    - Roles generales por área.

4. **Mapa funcional por áreas (Pilar 3)**
    - Desglose por estructura y subestructura.
    - Actividades clave, responsables, periodicidad, controles y KPI.

5. **Descriptivos de puesto (Pilar 4)**
    - Plantilla con objetivos, funciones, indicadores y competencias.
    - Organización por niveles o áreas.

6. **Procesos organizacionales (Pilar 5)**
    - Diagramas de flujo, RACI y/o SIPOC.
    - Procedimientos clave y formatos asociados.
    - Políticas vinculadas a cada proceso.

7. **Políticas internas (Pilar 6)**
    - Reglas vigentes por área o tema.
    - Justificación, alcance, responsables y sanciones.

8. **Manuales y documentación integrada (Pilar 7)**
    - Relación entre este manual y otros documentos complementarios.
    - Ruta de consulta y actualización de documentos por área.

9. **Normatividad y protección legal (Pilar 8)**
    - Reglamento interno de trabajo (RIT).
    - Código de ética y conducta.
    - Protocolos laborales clave.

10. **Gestión documental (Pilar 9)**
    - Lista maestra de documentos.
    - Nomenclatura, versiones, ubicaciones y responsables.
    - Procedimientos de respaldo, acceso y control.

Buenas prácticas para compilar tu manual:

- **Usa formatos unificados.** Elige una misma tipografía, estilo y estructura para todos los apartados.
- **Incluye controles de versión.** Cada sección debe tener responsable, fecha de última actualización y revisión programada.
- **Digitaliza y vincula.** Si el manual es digital, enlaza procesos a sus formatos y políticas correspondientes.
- **Integra imágenes.** Organigramas, diagramas de flujo y tablas hacen el contenido más entendible.
- **Incluye un glosario.** Define términos clave que se repiten en el documento.
- **Centraliza el acceso.** Usa una carpeta compartida (Drive, SharePoint, etc.) o herramienta de gestión documental.

Un manual organizacional es la memoria escrita de tu empresa. El documento que asegura que lo aprendido, lo estructurado y lo acordado no se pierda. Con él, tu negocio deja de depender de personas y empieza a depender de un sistema. Y ese es el verdadero signo de una empresa profesional y preparada para crecer.

Aplicación funcional

Qué recordar:

- Un manual organizacional no es un archivo más: es el centro de control de tu operación.
- No se trata de acumular documentos, sino de integrarlos con lógica, orden y propósito.
- Tenerlo actualizado te permite crecer, capacitar y auditar sin depender de la memoria del equipo.

Revisa en tu empresa:

- ¿Tienes un documento que concentre estructura, funciones, procesos y políticas?
- ¿Está ordenado, con índice, versiones, responsables y fácil acceso?
- ¿Se consulta y se actualiza con frecuencia?

Acciones rápidas:

- Haz un inventario de lo que ya tienes documentado.
- Define una estructura base alineada al MGF.
- Nombra a un responsable del manual y centraliza la información.

12. Tus documentos valen oro

En el día a día de una empresa, la documentación suele verse como una tarea secundaria, algo que se hace «cuando hay tiempo» o simplemente como una formalidad. Sin embargo, documentar correctamente es una de las acciones más estratégicas que una pyme puede hacer para proteger su operación, garantizar continuidad y resistir cualquier auditoría, inspección o crisis.

La gestión documental no es burocracia. Es blindaje. Es lo que te permite demostrar que hiciste lo correcto, que cumpliste con lo pactado, que tu operación es consistente y que tus decisiones están respaldadas por evidencia.

De hecho, la ISO 30301 sobre gestión documental plantea que los documentos son el soporte tangible de la memoria organizacional y, bien administrados, se convierten en garantía de cumplimiento y trazabilidad.

No contar con un sistema de gestión documental funcional es exponerse a:

- Sanciones legales o fiscales por falta de soportes.
- Pérdida de información crítica ante rotación o fallos técnicos.
- Imposibilidad de auditar procesos o rastrear decisiones.
- Caos operativo por versiones duplicadas o documentos desactualizados.
- Desconfianza interna y externa por falta de trazabilidad.

Por eso decimos que tus documentos valen oro. No por su volumen, sino por lo que representan: conocimiento, cumplimiento, coherencia y continuidad.

El MGF contempla la gestión documental como el noveno pilar, no por ser lo último, sino porque es lo que permite sostener, auditar y escalar los ocho pilares anteriores: filosofía, estructura, mapa funcional, descriptivos, procesos, políticas, manuales y normatividad.

Cuando la información está organizada, actualizada y disponible:

- Se acelera la toma de decisiones.
- Se delega con claridad.
- Se audita sin miedo.
- Se transfiere conocimiento fácilmente.
- Se construye una cultura de orden y profesionalismo.

Y, al revés, cuando no hay control documental:

- Todo se repite.
- Nada se encuentra.
- Nadie sabe cuál es la última versión.
- Y cada área empieza a crear su propio caos.

Este capítulo no está hecho para que llenes carpetas. Está hecho para ayudarte a crear un sistema de documentación que funcione, se adapte a tu realidad y te proteja cuando más lo necesites. Te mostraremos cómo hacerlo sin complicarte, con nomenclaturas prácticas, controles por versión y reglas simples para evitar pérdidas, duplicidad o desorden.

Porque si en tu empresa cada documento tuviera un lugar, un nombre, un responsable y una fecha, todo fluiría mejor.

Y porque cuando llegue esa auditoría, esa crisis, ese cliente exigente o ese nuevo integrante del equipo... tu empresa estará lista.

¿Qué es la gestión documental y por qué puede salvarte en una auditoría?

La gestión documental es el conjunto de prácticas que permiten organizar, almacenar, controlar, acceder y conservar la información clave de una empresa, de forma segura, ordenada y funcional.

Pero, más allá de la definición técnica, la gestión documental bien aplicada es la diferencia entre una empresa que puede responder con evidencia... y una que solo tiene palabras.

En una auditoría, revisión legal, fiscal o interna, lo que cuenta no es lo que se hizo «de buena fe», sino lo que se puede demostrar, rastrear y sustentar. Un documento bien gestionado puede:

- Evitar multas o sanciones por incumplimientos normativos.
- Protegerte frente a demandas laborales, civiles o fiscales.
- Confirmar que un proceso se ejecutó conforme a lo establecido.
- Aportar trazabilidad y control a decisiones clave.
- Facilitar la defensa ante errores u omisiones.

Y no solo se trata de auditorías externas. Una buena gestión documental también fortalece el control interno, facilita las capacitaciones, mejora la colaboración entre áreas y protege la memoria organizacional ante cualquier rotación o salida.

Algunos ejemplos prácticos:

- Si tienes un contrato firmado, puedes exigir su cumplimiento.
- Si cuentas con un procedimiento documentado, puedes capacitar con claridad.

- Si conservas reportes firmados o respaldos electrónicos, puedes sustentar decisiones.
- Si tienes políticas vigentes con acuse de recibo, puedes aplicar sanciones justificadas.

La gestión documental no es solo «registrar y guardar documentos». Es transformar el conocimiento de tu empresa en un activo estratégico: organizado, accesible y vigente. Un sistema que asegura continuidad, fortalece el control y da respaldo legal y operativo a cada decisión.

Porque en una empresa funcional, cada documento tiene propósito, responsable y vigencia. Y cuando todo está en orden, ninguna revisión te toma por sorpresa.

Nomenclatura, repositorios y versiones: el secreto del orden

Una empresa puede tener cientos de documentos bien redactados, pero si no están organizados, actualizados y localizables... es como si no existieran.

El verdadero valor de un sistema documental no está solo en tener información, sino en cómo se estructura para que sea útil, confiable y accesible. Aquí es donde entran tres conceptos clave: nomenclatura, repositorios y control de versiones.

1. Nomenclatura funcional

La nomenclatura es la forma en la que se nombra cada documento y no es un detalle administrativo: es un estándar de control dentro del MGF. Un buen sistema evita nombres genéricos como «formato nuevo» o «versión final 2». Cada archivo debe poder identificarse, ubicarse y validarse con solo leer su nombre, sin depender de quién lo creó o dónde esté guardado.

Por ello, el MGF recomienda establecer una nomenclatura estandarizada, fija en longitud y estructura, que permita identificar de inmediato el tipo de documento, el área responsable y su número consecutivo, asegurando orden, trazabilidad y escalabilidad.

Estructura sugerida:

[TIPO]-[ÁREA]-[NÚMERO] Nombre del documento.ext

Reglas del estándar:

- **TIPO**: tres letras en mayúsculas que identifican la naturaleza del documento. Ejemplos: POL (Política), PRO (Proceso), FOR (Formato), MAN (Manual), INS (Instructivo), REG (Registro).
- **ÁREA:** tres letras en mayúsculas que identifican el área funcional responsable del documento. Ejemplos: ARH (Administración de Recursos Humanos), ADM (Administración), FIN (Finanzas), COM (Comercial), OPE (Operaciones).
- **NÚMERO:** consecutivo de tres dígitos (000), iniciando en 001 y creciendo conforme aumente la documentación. Este formato se recomienda porque nunca se sabe cuántos documentos tendrá una empresa y garantiza una longitud estándar sin necesidad de reestructurar el sistema en el futuro.
- **Nombre del documento:** descripción clara y específica del contenido del archivo.

Ejemplos funcionales de nomenclatura:

- POL-ARH-001 Política de Asistencia.pdf
- PRO-ADM-005 Flujo de Requisiciones.pdf
- FOR-COM-003 Encuesta de Satisfacción del Cliente.xlsx

Esto no solo estandariza y facilita la búsqueda, también da una sensación de profesionalismo y control.

Este esquema no solo facilita la búsqueda y el control, sino que impone orden desde el nombre del archivo, proyecta profesionalismo y evita duplicidades, confusión de versiones y dependencia de la memoria de las personas.

En una empresa funcional, un documento sin nomenclatura estándar no forma parte del sistema.

2. Repositorios organizados

Un repositorio no es una carpeta al azar. Es una estructura digital (o física) con lógica jerárquica que permite almacenar y acceder a los documentos según su naturaleza, propósito o usuario final. Si la nomenclatura identifica al documento, el repositorio le da contexto.

Todo documento que forma parte del sistema debe vivir únicamente en repositorios oficiales, definidos por la empresa y conocidos por el equipo. Los archivos almacenados fuera de estos espacios no se consideran versiones vigentes ni confiables.

Un repositorio bien diseñado debe:

- Reflejar la estructura y lógica de la empresa.
- Facilitar la localización inmediata de la información.
- Evitar duplicidad y versiones paralelas.
- Proteger documentos sensibles mediante permisos por rol.
- Separar documentos vigentes de históricos u obsoletos.

Ejemplo de jerarquía funcional en digital:

- **Documentación**
    - Filosofía organizacional
    - Organigrama y puestos

- Procesos y procedimientos
  - Administración y finanzas
  - Servicios
  - Comercial
  - Capital humano
- Políticas y normativas
- Manuales por área
- Formatos controlados
- Histórico y versiones obsoletas

Esta estructura permite que la empresa piense, opere y audite con orden, sin depender de carpetas personales, correos electrónicos o dispositivos externos.

Se recomienda que los repositorios estén alojados en plataformas digitales con control de accesos, historial de cambios y respaldos automáticos, asignando permisos diferenciados según el rol de cada usuario (lectura, edición o administración).

En una empresa funcional, el repositorio no es libre: es parte del sistema de control interno.

3. Control de versiones

Uno de los errores más comunes en las pymes es modificar documentos sin dejar rastro. Esto provoca confusión, reprocesos, errores operativos y, en escenarios críticos, incapacidad para demostrar cumplimiento.

Por eso, todo documento oficial debe contar con un control de versiones visible, actualizado y verificable. Un documento sin control de versiones no es auditable.

Elementos mínimos del control de versiones

- Código del documento: POL-ARH-001
- Nombre: Política de asistencia
- Versión: 2.0

- Fecha de última actualización: 10/04/2025
- Área responsable: Administración
- Cambios realizados:
  - Se agregó tolerancia de 10 minutos para ingreso.
  - Se eliminó el requerimiento de justificar faltas por WhatsApp.

Este control puede integrarse en una tabla ubicada en la primera o última página del documento y, de forma complementaria, registrarse en una matriz maestra de documentos, donde se concentre el estatus, vigencia y responsable de cada archivo.

Un buen sistema documental es como una biblioteca con lógica: cada documento tiene su lugar, su nombre, su responsable... y su historia.

La lógica piramidal del sistema documental

Un sistema documental funcional se sostiene como una pirámide:

- En la cima: la filosofía organizacional, que da identidad y propósito.
- Debajo: manuales y normativas, que establecen las reglas del juego.
- En el nivel operativo: procesos y políticas, que guían el día a día.
- Más abajo: descriptivos de puesto y formatos, que detallan funciones.
- En la base: registros, que prueban que todo se ejecutó conforme a lo definido.

Cuando esta pirámide está completa, ordenada y controlada, la empresa no solo tiene documentos: tiene un sistema vivo que demuestra cómo funciona.

Como señalan los enfoques clásicos de administración de Robbins y Coulter, el orden documental no es un lujo administrativo, sino un recurso estratégico que permite planear, organizar, dirigir y controlar con evidencia, no con suposiciones.

Documentar con esta lógica piramidal evita el caos y convierte cada archivo en una pieza coherente de un sistema mayor: una empresa que opera con orden, claridad y control.

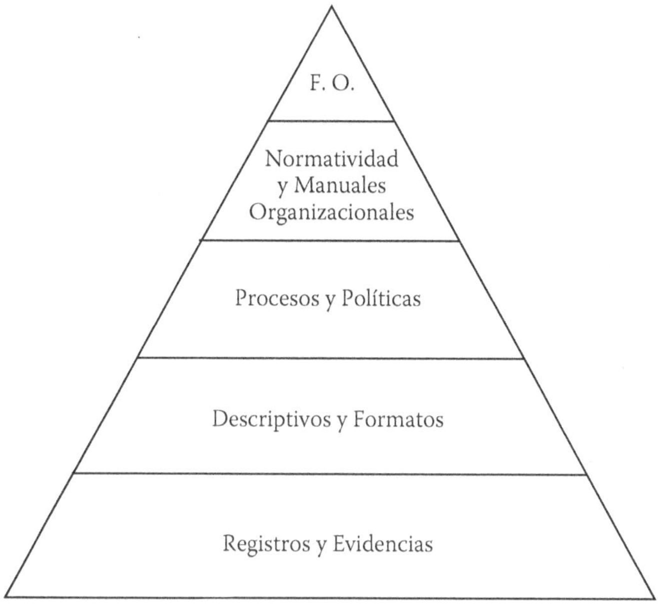

¿Cómo evitar pérdida de información, duplicidad y descontrol?

Uno de los mayores riesgos silenciosos dentro de cualquier empresa es la mala gestión de la información. No se trata solo de perder un archivo, sino de todo lo que eso representa: decisiones mal tomadas, clientes inconformes, auditorías fallidas, responsabilidades que no se cumplen y tiempo perdido buscando «ese documento que alguien tenía».

Por eso, un sistema documental funcional no solo clasifica, también protege. Aquí te comparto buenas prácticas probadas para evitar los errores más comunes y construir un sistema inmune al caos:

1. Define un responsable documental por área

Cada departamento debe tener al menos una persona encargada de la actualización, resguardo y control de los documentos clave de su área. Esta figura no necesita ser un especialista, pero sí debe tener claro:

- Qué documentos están bajo su cuidado.
- Dónde deben almacenarse.
- Cuándo y cómo deben actualizarse.

Esto crea responsabilidad y evita que «todos y nadie» se encarguen de algo tan crítico.

2. Centraliza la información en repositorios oficiales

Evita tener documentos dispersos entre correos, USB, escritorios de computadoras y carpetas personales. Todo debe vivir en un solo lugar, compartido y con lógica de acceso controlado.

Recomendación: usa plataformas como Google Workspace, Microsoft SharePoint o Notion con estructura de carpetas por área, tipo de documento y versión.

Activa copias de seguridad automáticas, límites de edición y registros de historial. No confíes solo en la buena voluntad del equipo.

3. Evita duplicidad con control de versiones y permisos

Cada documento debe tener una versión vigente única, y las anteriores deben archivarse como «obsoletas» o «históricas». Esto evita trabajar con documentos incorrectos, desactualizados o modificados sin autorización.

Además, regula quién puede ver, editar, descargar o eliminar cada archivo. Mientras más sensible sea el documento, mayor debe ser el control de acceso.

4. Establece políticas claras de almacenamiento y respaldo

Documenta cómo se deben guardar, nombrar, resguardar y respaldar los archivos. Algunas prácticas esenciales incluyen:

- Realizar respaldos automáticos diarios o semanales.
- Guardar copias en la nube + local.
- Establecer un protocolo de recuperación ante pérdida o corrupción de archivos.
- Restringir el uso de memorias USB o documentos fuera de sistemas oficiales.

5. Capacita a tu equipo

Un sistema documental solo funciona si todos entienden cómo usarlo. Capacita a tu equipo en:

- Cómo nombrar archivos correctamente.
- Dónde encontrar lo que necesitan.
- Qué hacer en caso de cambios o actualización.
- Cómo reportar errores o inconsistencias.

6. Audita tu sistema documental al menos cada 6 meses

Haz una revisión periódica para asegurarte de que los documentos:

- Están vigentes y actualizados.
- Se encuentran en el lugar correcto.
- Cumplen con la nomenclatura y control de versiones.
- No presentan duplicidades ni accesos indebidos.

Esto no solo previene errores, sino que fortalece la cultura de orden documental.

Un documento perdido puede parecer un detalle... hasta que se convierte en una crisis.

Evitarlo no es complicado. Requiere método, responsabilidad y estructura.

Y, una vez implementado, tu sistema documental será una de las herramientas más poderosas para asegurar continuidad operativa, cumplimiento normativo y tranquilidad organizacional.

Aplicación funcional

Qué recordar:

- La gestión documental no es burocracia, es una defensa estratégica.
- Cada documento bien nombrado, resguardado y versionado es una prueba de control, una herramienta de capacitación y un blindaje ante auditorías o crisis.

Revisa en tu empresa:

- ¿Tienes nomenclaturas claras y consistentes?
- ¿Tus documentos viven en un repositorio compartido y ordenado? ¿Llevas control de versiones y fechas de actualización?
- ¿Cada área sabe qué documentos le corresponden y cómo gestionarlos?

Acciones rápidas:

- Establece un responsable documental por área.
- Crea o ajusta tus carpetas digitales: que sean lógicas, jerárquicas y compartidas.
- Agrega una tabla de control de versiones a tus políticas, procesos y manuales.

13. Mide o repite errores

Has construido tu filosofía, definiste una estructura, trazaste mapas funcionales, redactaste descriptivos, organizaste procesos, dejaste claras las políticas, legalizaste tu operación y consolidaste todo en un manual. Incluso, ya sabes dónde vive cada documento.

¿Y ahora? ¿Cómo sabes si todo eso está dando frutos? La respuesta es simple: midiendo.

Porque, si no lo mides, no lo controlas. Y, si no lo controlas, no puedes mejorarlo.

Este capítulo no llega como un tema aislado, sino como el sistema nervioso que conecta y activa todos los pilares anteriores del MGF. Medir no es una función más: es la forma en la que tu empresa aprende de sí misma, detecta lo que está funcionando, corrige lo que no... y evoluciona con intención.

¿Qué se debe medir?

Todo aquello que esté vinculado con tu operación, tu estructura y tus objetivos. No se trata de medir por medir, sino de identificar los indicadores funcionales (KPI) que den sentido a lo que ya diseñaste.

- ¿Tienes procesos? → Mide su cumplimiento.
- ¿Tienes roles definidos? → Mide el desempeño.
- ¿Tienes políticas? → Mide su aplicación.
- ¿Tienes objetivos estratégicos? → Mide tu avance hacia ellos.

¿Cómo definir indicadores funcionales?

Un buen indicador debe cumplir estas cinco características (regla SMART adaptada a gestión funcional):

1. **Sencillo:** Fácil de entender por quienes lo van a usar.
2. **Medible:** Cuantificable, no interpretativo.
3. **Accionable:** Que permita tomar decisiones o corregir.
4. **Relevante:** Que tenga impacto real en el área o proceso.
5. **Temporal:** Que se pueda revisar periódicamente (diario, semanal, mensual...).

Ejemplo malo: «El equipo está motivado».

Ejemplo funcional: «% de cumplimiento en encuestas de clima laboral con calificación mayor a 8/10 cada trimestre».

¿Y qué hago con los datos?

Medir por medir no sirve. Lo importante es usar los datos para tomar decisiones.

Esto se logra cuando:

- Hay responsables por cada indicador.
- Se revisan periódicamente en reuniones de seguimiento.
- Se documentan avances y desviaciones.
- Se proponen acciones correctivas.
- Se celebra el cumplimiento o la mejora.

Los indicadores son como un tablero de auto: si sabes leerlos, puedes conducir mejor. Si los ignoras, el choque es solo cuestión de tiempo. Como explica Porter al hablar de ventaja competitiva, el análisis solo es útil si te permite tomar decisiones estratégicas que te diferencien y te den control del rumbo.

¿Y si no tengo sistema o software para esto?

No necesitas un ERP para empezar. Puedes hacerlo con herramientas simples:

- Excel o Google Sheets con seguimiento semanal o mensual.
- Tableros visuales en plataformas como Trello, Notion o Monday.
- Reportes de desempeño por área o colaborador.
- *Dashboards* básicos en Power BI o Google Data Studio (si tienes más madurez).

Lo importante es el «control administrativo»: crear mecanismos sencillos, entendibles y constantes. Porque la herramienta importa menos que la disciplina con la que revisas y actúas sobre ella.

Medir no es vigilar, es cuidar

Uno de los mitos más comunes es que medir genera desconfianza o que «controlar demasiado» puede romper la cultura. Pero, en realidad, los equipos valoran saber qué se espera de ellos, cómo van y cómo mejorar.

Medir con claridad no es castigar, es profesionalizar. Cuando los indicadores se construyen con lógica y se comunican con respeto, los errores bajan, la calidad sube y la confianza se multiplica. Porque medir no es vigilar: es cuidar el rumbo de la empresa y darle a cada persona la certeza de que su esfuerzo importa.

Una empresa que no mide nunca sabrá si está mejorando. Una empresa que mide sin propósito se vuelve burocrática. Pero una empresa que mide con sentido... se vuelve imparable.

En el siguiente —y último— capítulo veremos cómo integrar todo lo anterior para responder una sola pregunta clave: ¿está funcionando tu empresa?

Aplicación funcional

Qué recordar:

- Medir es una necesidad para operar con inteligencia.
- Los indicadores funcionales conectan tu estructura, procesos y objetivos con datos reales que permiten mejorar.
- Si no mides, solo puedes suponer. Y lo que no se controla, se repite... o empeora.

Revisa en tu empresa:

- ¿Cada área tiene al menos 3 KPI funcionales definidos?
- ¿Tus indicadores están alineados con funciones, procesos o metas reales?
- ¿Se revisan periódicamente en juntas o tableros de seguimiento?

Acciones rápidas:

- Define tus KPI mínimos por área, proceso y puesto.
- Usa herramientas simples (Excel, Sheets, Trello, Power BI) para empezar.
- Asigna responsables por indicador y establece periodicidad de revisión.

14. Del papel a la práctica

Después de recorrer cada uno de los pilares del MGF, llegamos a la pregunta más importante: ¿todo esto está realmente funcionando?

Implementar el modelo no es un fin en sí mismo. Es un medio para lograr que tu empresa opere con claridad, profesionalismo y sostenibilidad. Pero una cosa es haber trabajado en los documentos y otra muy distinta es que tu organización ya funcione como un sistema estructurado.

Este capítulo no trata de celebrar que llegaste al final. Trata de ayudarte a cerrar el círculo. Porque, si no evalúas si todo esto está generando resultados reales, te quedarás con la sensación de haber hecho mucho... sin saber si sirvió de algo.

¿Qué significa «funcionar» realmente?

Una empresa que funciona no es perfecta. Una empresa que funciona no es inmune a los errores. Pero una empresa que funciona tiene orden, claridad, rumbo y capacidad de mejora.

Cuando tu organización ya no depende de personas clave, sino de estructuras funcionales. Cuando las decisiones se toman con base en datos, no por intuición. Cuando los roles están claros, los procesos fluyen y la cultura se respira. Cuando los errores bajan, la rotación disminuye y la confianza crece. Cuando ya no necesitas estar presente en cada detalle para que las cosas se hagan bien.

Eso es funcionar.

¿Qué cambia cuando todo empieza a funcionar?

Cuando el MGF está bien implementado, los cambios se notan en todos los niveles:

En ti, como líder: tienes más claridad, menos caos y más tiempo para lo estratégico.
En tu equipo: hay menos confusión, más compromiso y mejores resultados.
En tus clientes: la experiencia mejora, hay mayor consistencia y confianza.
En la empresa: las áreas se conectan, los indicadores guían y las decisiones se fundamentan.

Ya no todo depende de voluntades. Depende de sistemas. Y cuando hay sistemas, hay evolución. Las organizaciones solo trascienden cuando construyen estructuras sólidas que sostienen el talento. Porque no basta con tener buenas intenciones: se necesita un sistema que garantice resultados consistentes.

Lo importante no es haber implementado. Es seguir funcionando. Este modelo no es algo que se implanta una vez y se olvida. Es una lógica operativa que debe sostenerse, medirse y ajustarse. Y, sobre todo, debe transmitirse al equipo mediante capacitación y acompañamiento. Porque el MGF solo cobra vida cuando las personas entienden la estructura, adoptan los procesos y aplican las políticas como parte natural de su día a día.

Por eso, esta última etapa del MGF no se trata solo de mirar hacia atrás, sino de mirar hacia adelante:

- ¿Qué tanto de lo documentado se está aplicando?
- ¿Qué pilares necesitan reforzarse?

- ¿Qué herramientas deben mantenerse vivas?
- ¿Cómo puedes elevar el estándar y buscar reconocimiento formal?

Lo funcional no es llegar. Lo funcional es funcionar. Y seguir funcionando mientras se mejora. Ese es el verdadero espíritu del MGF.

¿Cómo saber si el modelo ya dio frutos?

Una empresa puede tener políticas, organigrama, procesos y manuales... y aun así no estar funcionando. Porque el verdadero éxito del MGF no está en lo que se documenta, sino en lo que se vive y se sostiene.

Saber si el modelo ha dado frutos implica mirar más allá del papel y detectar señales tangibles en la operación diaria. Aquí no se trata de llenar un *checklist*, sino de reconocer los cambios profundos que marcan la diferencia entre una empresa que aparenta orden y una que verdaderamente opera con lógica funcional.

Señales de que el MGF ya está funcionando

Estas son algunas de las evidencias más claras de que tu empresa ya no improvisa... sino que funciona:

✓ Los líderes gestionan, no solo operan.

Ya no están apagando fuegos. Tienen tiempo para revisar indicadores, desarrollar talento y mejorar procesos.

✓ Los colaboradores saben qué se espera de ellos.

No hay más confusión sobre funciones. Cada uno tiene claridad sobre su rol, entregables y resultados.

✓ Las juntas son productivas.

Se hacen con orden, tienen objetivos claros, seguimiento de acuerdos y toma de decisiones basada en información.

✓ Los errores operativos disminuyen.

No porque haya más control, sino porque hay mejores procesos y responsables definidos.

✓ La inducción ya no depende de «ver cómo le haces».

Nuevas personas se integran con claridad gracias a manuales, políticas y procesos estandarizados.

✓ Hay menos dependencia del dueño.

Puedes estar fuera unos días sin que la operación se detenga. La estructura sostiene el negocio, no tu presencia.

✓ Se habla con datos, no con suposiciones.

Los indicadores por área ya son parte de las conversaciones estratégicas y las decisiones operativas.

✓ Tu cultura ya no es solo un discurso.

La misión, visión y valores se viven, se reconocen y se fortalecen en lo cotidiano.

¿Cómo validar que estás en ese punto?

No basta con sentir que «ya estamos mejor». Necesitas tener evidencia funcional:

- Revisa si tu mapa funcional se actualiza y se consulta.
- Evalúa si los descriptivos de puesto guían el trabajo y las evaluaciones.
- Observa si tus políticas internas están siendo aplicadas y respetadas.
- Asegura que el manual organizacional está vigente, integrado y útil.
- Verifica si tus documentos clave están ordenados, accesibles y con control de versiones.
- Compara tus indicadores actuales con los de hace 3-6 meses.
- Pide retroalimentación al equipo sobre la claridad organizacional y la mejora percibida.

Y si no ves todos estos frutos...

No te frustres. El MGF no es una carrera de velocidad, es una construcción progresiva. Es normal que algunos pilares estén más maduros que otros. La clave es no detenerte.

Haz una revisión interna, detecta qué áreas necesitan reforzarse y continúa el proceso con criterio. El solo hecho de que te estés haciendo estas preguntas ya es señal de evolución.

Para cerrar este ciclo, vuelve al *checklist* de autodiagnóstico que revisaste al inicio del libro. Respóndelo de nuevo con honestidad y compara tus respuestas actuales con las de entonces. Esa comparación te mostrará, con evidencia clara, cuánto has avanzado, qué pilares ya fortaleciste y cuáles aún necesitan atención. Es la forma más sencilla y poderosa de medir tu evolución: viendo con tus propios ojos cómo pasaste del caos a la claridad.

La mejora continua como hábito empresarial

Implementar el MGF no es el final de un proceso. Es el comienzo de una nueva forma de pensar, operar y liderar una empresa.

Una empresa funcional no es aquella que está completamente resuelta, sino aquella que ha decidido ordenarse para poder evolucionar. Que ha optado por sustituir la improvisación por estructura, la intuición por criterio, el «siempre se ha hecho así» por una lógica funcional viva.

La mejora continua no ocurre por accidente. Ocurre cuando una organización adopta el hábito de evaluarse, ajustarse y avanzar. Cuando entiende que siempre habrá algo por afinar, un proceso por optimizar, un indicador que actualizar o una política que renovar.

La diferencia está en cómo se enfrenta ese reto: desde el caos... o desde el orden.

Este modelo no propone la perfección. Propone la conciencia. Te entrega herramientas para que puedas identificar qué funciona, qué no y cómo mejorarlo de manera constante, sin perder el control ni saturarte.

Cuando aplicas el MGF, construyes una cultura donde:

Los errores no se esconden: se analizan y se corrigen.
Las decisiones no se improvisan: se respaldan en datos, criterios y procesos claros.

Las personas no solo cumplen: se alinean, participan y proponen.

El orden no es sinónimo de rigidez: es sinónimo de claridad, dirección y confianza.

Y esa cultura es la que diferencia a una empresa que simplemente resiste... de una que realmente crece, trasciende y se adapta sin perder el rumbo.

Porque sí, tu empresa puede seguir operando sin el MGF. Pero si has llegado hasta aquí, ya sabes que puede hacerlo mejor. Puede liberarte del caos, puede alinear a tu equipo, puede escalar sin descontrol. Y, sobre todo, puede ser una empresa que funcione bien... incluso cuando tú no estés resolviendo todo.

Esa es la verdadera transformación.

Este modelo no es una moda. Es una decisión.

Una forma más inteligente, humana y estructurada de hacer empresa.

Una forma de honrar todo lo que has construido... dándole forma, propósito y sostenibilidad.

Comparte la claridad: lo que no se comunica, se sabotea

Ahora que ya desarrollaste el MGF... corresponde compartirlo. Porque una empresa funcional no solo se ordena por dentro: comparte ese orden con su gente.

Una estructura que no se comunica, se interpreta. Y lo que se interpreta sin contexto, inevitablemente se distorsiona.

Todo lo que has construido con el MGF no puede quedarse en la mente del líder o en un archivo. Debe convertirse en una fuente compartida de claridad y responsabilidad para todos.

El 20 % de la información correcta, compartida con intención, genera el 80% del orden organizacional.

¿Qué compartir? ¿Y con quién?

Nivel	Compartir...	¿Por qué?
Todo el personal	Misión, visión, valores, manual organizacional, funciones propias (DDP), políticas internas, reglamentos y código de ética.	Alinea comportamientos, da sentido al trabajo y fortalece el sentido de pertenencia.
Líderes y mandos medios	FODA, mapa funcional por áreas, indicadores clave del área (KPI), procesos completos y gestión documental relevante.	Les permite tomar mejores decisiones, supervisar con criterio y coordinar con lógica.
Dirección	Indicadores estratégicos, análisis funcional y reportes de cumplimiento clave.	Refuerza la visión, prioriza lo esencial y dirige la mejora continua.

No se trata de abrir todos los documentos a todos. Se trata de compartir lo que cada persona necesita conocer para hacer mejor su trabajo, comprender su entorno y contribuir con mayor claridad.

Cuando no se comparte la información, se desperdicia el esfuerzo. Porque lo que no se comunica, se sabotea: no porque alguien quiera sabotearlo... sino porque el silencio crea suposiciones, y las suposiciones generan errores.

Una empresa funcional comparte con intención, instruye con lógica y retroalimenta con criterio. Comunica lo que importa, cómo importa y con quién importa.

Porque sí: documentar transforma. Pero compartir esa transformación... la multiplica.

En el próximo apartado verás cómo dar un paso más allá: convertir esta estructura funcional en una certificación que valide tu avance ante terceros... y que eleve el estándar de tu organización aún más.

La ruta hacia la certificación con el DGF

Implementar el MGF en tu empresa es un gran paso. Pero dar el siguiente nivel significa demostrar, con evidencia sólida, que tu pyme no solo opera con orden, sino que lo respalda ante terceros.

Ahí entra el **Distintivo de Gestión Funcional (DGF)**: una certificación diseñada por evolupyme para reconocer a las empresas que han dejado de improvisar y hoy cuentan con una base organizacional sólida, práctica y sostenible.

El DGF no es un trofeo decorativo. Es una herramienta estratégica que eleva tu credibilidad y te posiciona mejor frente a:

- Clientes que buscan proveedores confiables.
- Aliados y socios que requieren certeza.
- Inversionistas que piden estructura.
- Tu propio equipo, que necesita claridad y confianza.

¿Qué valida el DGF?

El DGF acredita que tu empresa cumple con los pilares del MGF de forma funcional y documentada, evaluando aspectos clave como:

- Existencia y aplicación de tu filosofía organizacional.
- Coherencia y claridad en el organigrama.
- Presencia de descriptivos de puesto con KPI.
- Procesos documentados con herramientas como flujos, RACI o SIPOC.

- Políticas internas vigentes, aplicadas y conocidas por tu equipo.
- Un manual organizacional integrado y útil.
- Gestión documental activa, ordenada y accesible.

En otras palabras: demuestra que tu empresa funciona bien y que puede crecer sin perder el control.

¿Por qué certificarte?

- **Te diferencias en tu industria:** posicionas tu pyme como profesional, ordenada y lista para escalar.
- **Fortaleces tu estructura:** garantizas que tu operación está documentada, alineada y respaldada por estándares internacionales.
- Te preparas para certificaciones mayores: como ISO 9001 e ISO 30301.
- **Ganas confianza interna y externa:** tus colaboradores se alinean y tu reputación mejora frente a aliados estratégicos.

El DGF está diseñado especialmente para pymes mexicanas. Es un proceso claro, práctico y adaptado a tu realidad, sin burocracia innecesaria y con acompañamiento experto en cada etapa.

¿Listo para dar el paso?

Convierte lo que ya construiste en un sello de confianza y profesionalismo. Consulta la convocatoria, lineamientos y beneficios de la acreditación directamente en:

evolupyme.com/distintivo

Sé parte de las empresas que ya están operando con claridad, propósito y estructura funcional. Porque no se trata solo de crecer... se trata de crecer con orden y demostrarlo.

Conclusión

Tu empresa ya no es la misma. Tú tampoco.

Llegar hasta aquí no significó solo leer un libro: significó recorrer un camino de claridad y descubrir que el caos no es inevitable, que la improvisación no tiene por qué ser el precio del crecimiento.

Hoy comprendes que el orden no encierra, sino que abre posibilidades. Que la estructura no encadena, sino que impulsa. Y que la mejora no es un ideal lejano, sino un ejercicio cotidiano que fortalece cada parte de tu empresa, como lo confirman filosofías de gestión reconocidas —desde la lógica de mejora continua de la ISO 9001 hasta la disciplina de proyectos impulsada por el PMBOK.

El Modelo de Gestión Funcional (MGF) no es la única forma de hacer empresas, pero sí es una de las más probadas y adaptables para quienes deciden dejar de apagar fuegos y comenzar a construir futuro. Como bien advierte Porter, la ventaja competitiva no surge de la improvisación, sino de la capacidad de estructurar y sostener lo que genera valor. En sectores distintos, con equipos diversos y en realidades cambiantes, este modelo ha demostrado que profesionalizar una pyme no la vuelve fría, sino más humana, justa y sostenible.

Porque profesionalizar no significa perder cercanía. Significa darles a las personas lo que merecen: claridad, propósito y dignidad en su trabajo. Tal como plantean Robbins y Coulter, el verdadero liderazgo no se basa solo en controlar, sino en inspirar con dirección y estructura.

Hoy cuentas con un método progresivo, flexible y probado. Un mapa que puedes seguir, adaptar y escalar. Tienes, sobre todo, la decisión en tus manos: seguir improvisando... o comenzar a liderar con estructura. Y al hacerlo, estarás aplicando la misma lógica que promueve Lean Six Sigma: cada mejora elimina desperdicio y cada paso suma valor.

Pero recuerda: ningún modelo se sostiene solo en el papel. La clave está en capacitar y acompañar a tu equipo, para que cada pilar del MGF se convierta en práctica viva y hábito colectivo dentro de la empresa.

Si algo de lo que leíste resonó contigo, si reconoces que tu empresa merece más orden, más visión y más fuerza para crecer, recuerda esto: en evolupyme no solo diseñamos este modelo, lo aplicamos contigo, paso a paso, hasta que tu negocio deje de depender de intuiciones y comience a funcionar con lógica, confianza y sostenibilidad.

Gracias por llegar hasta aquí.

Gracias por elegir este libro y dedicarle tu tiempo.

Gracias por elegir crecer con orden.

Y, sobre todo, gracias por atreverte a construir la clase de empresa que el mundo necesita: una que funcione bien, que trascienda... y que tenga propósito.

Te invito a recomendar este libro a otros empresarios, líderes o emprendedores que lo necesiten, y a seguir nuestras redes sociales y blog en **evolupyme.com,** donde compartimos recomendaciones, ideas, herramientas y casos reales para seguir fortaleciendo tu empresa.

Epílogo

El día en que tu empresa cambió para siempre no fue cuando firmaste un gran contrato.

Ni cuando abriste una nueva sucursal.

Ni siquiera cuando alcanzaste tus primeras cifras de siete dígitos.

El verdadero cambio ocurrió el día en que decidiste poner orden.

El día en que dejaste de correr para empezar a construir.

Ese día no hubo aplausos ni titulares... pero fue el inicio de tu transformación real.

Porque entendiste que profesionalizar no es solo para las grandes empresas.

Es para las que quieren permanecer, crecer con sentido y dejar huella.

Para las que saben que se puede delegar sin perder control.

Y que una empresa funcional es aquella que sigue operando incluso cuando tú no estás.

Este libro no fue escrito para impresionar, sino para acompañarte.

Cada pilar, cada capítulo y cada herramienta son piezas del rompecabezas que hoy comienzas —o terminas— de armar.

No importa si apenas diste el primer paso o si ya aplicaste todo el modelo.

Lo que importa es que ya no estás improvisando.

Y eso, por sí solo, lo cambia todo.

Tu empresa es más que un negocio.

Es un legado en construcción.

Y cada decisión estructurada que tomes a partir de hoy es un paso hacia ese futuro que siempre imaginaste... pero que ahora puedes sostener.

Nos vemos en el camino.

En ese lugar donde las empresas no solo sobreviven.

Crecen y evolucionan.

Victor León

Glosario

Auditoría interna: evaluación sistemática realizada dentro de la empresa para verificar el cumplimiento de procesos, normativas y objetivos. Sirve para detectar áreas de mejora, asegurar la calidad y garantizar la coherencia entre lo documentado y lo ejecutado.

Código de ética y conducta: documento que define los valores, principios y comportamientos esperados dentro de la organización. Es la brújula cultural que guía el «cómo» hacer las cosas.

Competencias: conjunto de conocimientos, habilidades técnicas, blandas y digitales que permiten ejecutar funciones con eficacia. Conectan lo que se hace (funciones) con la manera de hacerlo.

Control de versiones: mecanismo que asegura que cada documento tenga fecha, número de versión, responsable y registro de cambios, evitando duplicidad o confusión.

Descriptivos de Puesto (DDP): herramienta que especifica el objetivo, funciones clave, entregables, relaciones internas y KPI de cada rol dentro de la empresa.

Diagrama de flujo: representación gráfica que muestra la secuencia de pasos de un proceso, usando símbolos estandarizados definidos por ANSI (1999).

Diagrama SIPOC: Modelo de procesos que resume: Proveedores (S), Entradas (I), Proceso (P), Salidas (O) y Clientes (C). Útil para mapear procesos a nivel macro.

Distintivo de Gestión Funcional (DGF): certificación desarrollada por evolupyme que acredita a las pymes que implementan el MGF de manera sólida y documentada.

Estructura funcional: organización de áreas, niveles y responsables en un organigrama que define cómo se distribuyen los roles en la empresa.

Evolución empresarial: proceso continuo mediante el cual una pyme pasa de la improvisación al funcionamiento estructurado, creciendo con orden, sostenibilidad y visión de largo plazo. Implica profesionalizar la gestión sin perder la esencia del negocio.

Filosofía organizacional: conjunto de misión, visión, y valores que dan identidad y dirección a la empresa.

FODA: análisis estratégico que identifica Fortalezas, Oportunidades, Debilidades y Amenazas, útil para guiar decisiones empresariales.

Gestión documental: sistema que organiza, almacena y controla documentos clave, asegurando trazabilidad, acceso y continuidad operativa (ISO 30301:2011).

Indicadores (KPI): métricas clave que permiten medir desempeño, cumplimiento de procesos y avance estratégico de la empresa.

ISO 19011:2018: directriz internacional para la auditoría de sistemas de gestión, enfocada en revisión, control y mejora continua.

ISO 9001:2015: norma internacional que establece requisitos para sistemas de gestión de la calidad, aplicable a empresas que buscan mejorar procesos y satisfacción del cliente.

Lean Six Sigma: metodología de mejora continua que combina *Lean Thinking* (eficiencia y eliminación de desperdicios) con *Six Sigma* (reducción de variabilidad y errores) para optimizar procesos y resultados empresariales.

***Lean Thinking*:** filosofía de gestión que busca eliminar desperdicios y generar valor con procesos más eficientes.

Mapa funcional por áreas: documento que desglosa las funciones de cada área, con actividades clave, responsables, controles, KPI y objetivos. Es la transición del organigrama a la acción.

Matriz RACI: herramienta que asigna roles en un proceso: Responsable (R), Aprobador (A), Consultado (C) e Informado (I).
Modelo de Gestión Funcional (MGF): metodología creada por evolupyme que ordena una empresa en 9 pilares: filosofía, estructura, mapa funcional, descriptivos, procesos, políticas, manuales, normatividad y gestión documental.
Normatividad externa: conjunto de leyes, normas y regulaciones oficiales (fiscales, laborales, comerciales, ambientales, de protección de datos, etc.) que aplican a una empresa según su giro y operación. Complementa a la normatividad interna para garantizar cumplimiento legal integral.
Normatividad interna: conjunto de documentos legales y culturales (RIT, código de ética, protocolos) que regulan la convivencia laboral y protegen jurídicamente a la empresa.
Organigrama: representación gráfica de la estructura jerárquica y funcional de la empresa. Muestra niveles de autoridad, relaciones de reporte y distribución de áreas o departamentos.
Pilar: cada uno de los nueve componentes del Modelo de Gestión Funcional (MGF), considerados como fundamentos estratégicos para ordenar y profesionalizar una empresa.
PMBOK (Project Management Body of Knowledge): guía internacional elaborada por el PMI que reúne buenas prácticas para la dirección de proyectos, útil para planificar, ejecutar, monitorear y cerrar iniciativas en empresas de cualquier tamaño.
Políticas internas: reglas escritas que establecen criterios claros para la toma de decisiones, previenen conflictos y refuerzan la cultura organizacional.
Proceso: Secuencia de pasos diseñados para ejecutar una función de manera estándar, medible y replicable. Diferente de una rutina, que depende de costumbre o memoria.
Proyección organizacional: diseño anticipado del crecimiento de la estructura y el organigrama de la empresa, considerando

escenarios de expansión y futuras necesidades de contratación o integración de áreas.

Reglamento Interno de Trabajo (RIT): documento normativo avalado por la Ley Federal del Trabajo que regula horarios, derechos, obligaciones y medidas disciplinarias aplicables a todos los colaboradores.

Valor documental: importancia estratégica de un documento por lo que representa: evidencia legal, trazabilidad operativa o respaldo de la organización.

Bibliografía

American National Standards Institute. (1999). *American national standard for information systems: Flowchart symbols and their usage.* ANSI.

Chiavenato, I. (2019). *Administración de Recursos Humanos.* McGraw-Hill.

Instituto Nacional de Estadística y Geografía (INEGI). (2020). *Estudio sobre la Demografía de los Negocios 2019-2020.* INEGI.

International Organization for Standardization. (2011). *ISO 30301:2011. Sistemas de gestión para documentos: Requisitos.* ISO.

International Organization for Standardization. (2015). *ISO 9001:2015. Sistemas de Gestión de la Calidad: Requisitos.* ISO.

International Organization for Standardization. (2018). *ISO 19011:2018. Directrices para la Auditoría de Sistemas de Gestión.* ISO.

Lean Enterprise Institute. (2008). *Lean Thinking: Cómo utilizar el pensamiento lean para eliminar despilfarros y crear valor en la empresa.* McGraw-Hill Interamericana.

Ley Federal del Trabajo. (2024). *Ley Federal del Trabajo. Cámara de Diputados del H.* Congreso de la Unión.

Porter, M. E. (2009). *Estrategia Competitiva: Técnicas para el análisis de los sectores industriales y de la competencia.* Grupo Editorial Patria.

Project Management Institute. (2017). *Guía de los fundamentos para la dirección de proyectos (Guía PMBOK®).* PMI.

RACI Solutions. (2017). *Practical RACI: A guide to clarify roles and increase accountability.* RACI Solutions.

Robbins, S. P., y Coulter, M. (2014). *Administración.* Pearson Educación.

Socconini, L. V., y Reato, C. (2019). *Lean Six Sigma: Sistema de gestión para liderar empresas.* Marge Books.

EDIQUID

www.ingramcontent.com/pod-product-compliance
Lightning Source LLC
LaVergne TN
LVHW040435051026
849517LV00002B/617
* 9 7 8 9 5 6 4 2 4 1 2 9 6 *